Klett

10-Minuten-Training

Deutsch Aufsatz

Gedichte untersuchen

7./8. Klasse

Kleine Lernportionen für jeden Tag

Elke Hufnagel

Klett Lerntraining

Dieses Werk folgt der gültigen Rechtschreibung und Zeichensetzung. Ausnahmen bilden Texte, bei denen künstlerische, philologische, lizenzrechtliche oder andere Gründe einer Änderung entgegenstehen.

Bibliografische Information der Deutschen Nationalbibliothek
Die Deutsche Nationalbibliothek verzeichnet diese Publikation in der Deutschen Nationalbibliografie; detaillierte bibliografische Daten sind im Internet über http://dnb.dnb.de abrufbar.

4. Auflage 2026

www.klett-lerntraining.de/kontakt

Umschlagfotos: www.thomas-weccard.de; Getty Images, München (Spauln)
Layout und Satz: tebitron gmbh, Gerlingen
Druck: Multiprint Ltd., Kostinbrod
Printed in Bulgaria
ISBN 978-3-12-927561-0

Inhaltsverzeichnis

Vorwort

Hallo!

Wie ist das bei dir? Blickst du in Deutsch bei Gedichten auch oft nicht so richtig durch? Und du weißt gar nicht, wie du üben sollst?

Keine Sorge, in diesem Buch kannst du super üben, wie man Gedichte untersucht.

Unser Tipp: Lerne nicht alles an einem Tag. Übe lieber jeden Tag **10 Minuten**! Das geht superschnell und du übst trotzdem intensiver als sonst.

1 In diesem Heft findest du viele Übungen, mit denen du die Untersuchung eines Gedichts trainieren kannst.

Die kleine Stoppuhr erinnert dich daran: besser kleine Lernportionen!

Tipp Hier bekommst du wichtige Tipps zu den Übungen.

★☆ Leichtere Übungen haben einen Stern ★☆ und etwas schwerere Übungen haben zwei Sterne ★★. Beginne am besten mit den leichteren!

Lösungen Hinten im Buch findest du die Lösungen zu den Übungen.

Wir wünschen dir viel Erfolg!

Deine Klett Lerntraining-Redaktion

1 Den Inhalt eines Gedichts verstehen

Thema und Motive erkennen

Tipp

Du verstehst ein Gedicht besser, wenn du dir das **zentrale Thema** des Textes klarmachst. Überlege einfach, welcher Gedanke dem **gesamten Gedicht** zugrunde liegt, dann findest du das Thema schnell heraus.
Die folgenden Fragen können dir auch weiterhelfen:

- Worüber wird gesprochen?
- Welcher Gedanke ist besonders wichtig?
- Welcher Gedanke steht im Vordergrund?

★☆ **Lies dieses Gedicht. Kreuze anschließend den Begriff an, der das zentrale Thema des Textes am treffendsten wiedergibt.**

Wir

Ich bin ich und du bist du.
Wenn ich rede, hörst du zu.
Wenn du sprichst, dann bin ich still,
weil ich dich verstehen will.
Wenn du fällst, helf' ich dir auf,
und du fängst mich, wenn ich lauf.
Wenn du kickst, steh ich im Tor,
pfeif ich Angriff, schießt du vor.
Spielst du pong, dann spiel ich ping,
und du trommelst, wenn ich sing.

Allein kann keiner diese Sachen,
zusammen können wir viel machen.
Ich mit dir und du mit mir –
das sind wir.

Irmela Brender (1935–2017)

☐ Höflichkeit ☐ Freundschaft ☐ Hilfsbereitschaft ☐ Fairness

Tipp

Einige Themen kommen in Gedichten immer wieder vor.
- Viele Gedichte handeln von Gefühlen wie der Liebe oder der Einsamkeit.
- Auch die Natur und besondere Naturerscheinungen, z. B. der Frühling oder der Herbst, werden oft thematisiert.

Notiere das Thema dieses Gedichts.

Donnerlied

Schwefel, Wasser, Feuer und Dampf
wollen halten einen Kampf.
Dicker Nebel dringt gedickt,
Licht und Luft ist fast erstickt.

Drauf die starken Winde bald,
sausen, brausen mit Gewalt,
reißen, werfen: Wirbelduft,
Mengen Wasser, Erde, Luft.

Plötzlich blickt der Blitz herein,
macht das Finstre feurig sein;
Schwefelklumpen, Strahlenlicht,
Rauchen und Dampf herein mit bricht.

Drauf der Donner brummt und kracht,
rasselt, rollet hin mit Macht,
prallet, knallet grausamlich,
puffet, summsend endigt sich.

Bald das Blitzen wieder kommt
und der Donner rollend brummt.
Bald hereilt ein Windesbraus
und dem Wetter macht Garaus.

Justus Georg Schottelius (1612–1676)

Thema: ______________________________

Tipp

Unterscheide zwischen **Thema und Motiv.**
- Das Thema erfasst den gesamten Text, das **Motiv** ist ein kleineres inhaltliches Element, das sich zwar auf das Thema bezieht, ihm aber **untergeordnet** ist.
- Das Motiv beschreibt das Thema genauer. So kann das Thema des Frühlings zum Beispiel durch die Motive des Erwachens oder Neubeginns weiter ausgestaltet werden.
- Gedichte können mehrere Motive enthalten. Es ist auch möglich, dass von einem Motiv weitere Motive abhängen.

Lies das Gedicht und schau dir dann den Cluster an. Er nennt das Thema des Textes und Motive, die es genauer beschreiben. Er zeigt dir auch, wie das Thema und die Motive miteinander zusammenhängen.

Frühlingsglaube

Die linden Lüfte sind erwacht,
Sie säuseln und weben Tag und Nacht,
Sie schaffen an allen Enden.
O frischer Duft, o neuer Klang!
Nun, armes Herze, sei nicht bang!
Nun muß sich alles, alles wenden.

Die Welt wird schöner mit jedem Tag,
Man weiß nicht, was noch werden mag,
Das Blühen will nicht enden.
Es blüht das fernste, tiefste Tal:
Nun, armes Herz, vergiß die Qual!
Nun muß sich alles, alles wenden.

Ludwig Uhland (1787–1862)

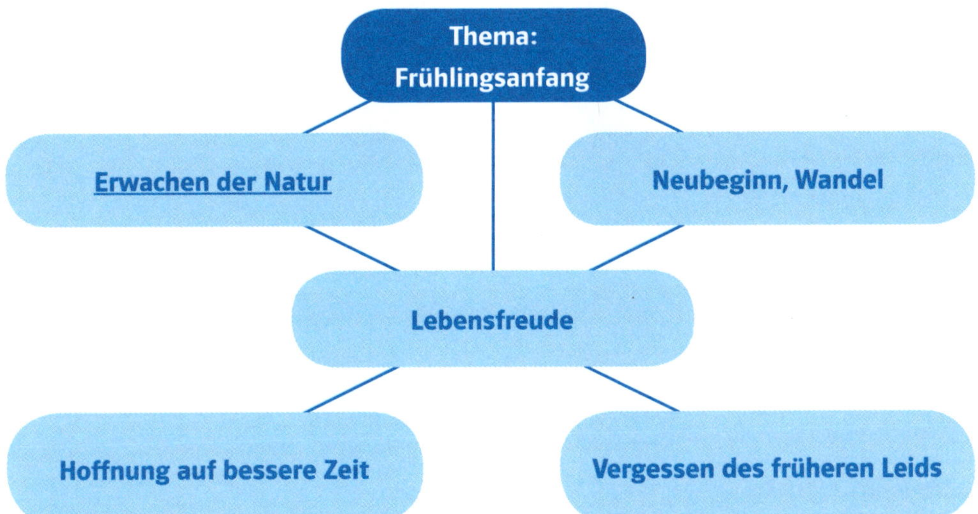

Auf welche Aussagen im Gedicht beziehen sich die genannten Motive? Unterstreiche wichtige Stellen im Text. (Verwende am besten verschiedene Farben.) Der Anfang ist schon gemacht.

2 Form und Sprache

Vers und Strophe

Tipp

Gedichte unterscheiden sich von den anderen Literaturgattungen (Prosa, Drama) vor allem durch ihre besondere Form. Das auffälligste Merkmal eines Gedichts ist die Einteilung in Verse und Strophen.
Die **einzelne Zeile** in einem Gedicht nennt man den **Vers**, manchmal auch die **Verszeile**.

Bei diesem Gedicht ist die Anordnung der Verse durcheinandergeraten. Überlege, welche Reihenfolge sinnvoll ist, und nummeriere die Verse entsprechend.

Das Hexen-Einmaleins

___ Du musst verstehn!
___ Verlier die Vier!
___ Und Neun ist Eins,
___ Aus Fünf und Sechs,
5 So bist du reich.
___ Und Zehn ist keins,
___ Mach Sieben und Acht,
8 So sagt die Hex',
___ Aus Eins mach Zehn,
10 So ist's vollbracht:
___ Und Drei mach gleich,
___ Und Zwei lass gehn,
13 Das ist das Hexen-Einmaleins!

Johann Wolfgang von Goethe (1749–1832)

Schreibe Goethes „Hexen-Einmaleins" geordnet auf.

Tipp

Bilden mehrere Verse eine größere, z. B. inhaltliche Einheit, spricht man von einer **Strophe**.

- Die meisten Gedichte sind in Strophen unterteilt.
- Ende bzw. Beginn einer Strophe erkennst du im **Druckbild** an der **Leerzeile**.

3 ★★ **Lies das Gedicht und fasse den Inhalt jeder Strophe kurz und in eigenen Worten zusammen.**

Zwei Heimgekehrte

Zwei Wanderer zogen hinaus zum Tor,
Zur herrlichen Alpenwelt empor.
Der eine ging, weil's Mode just,
Den andern trieb der Drang der Brust.

Und als daheim nun wieder die zwei,
Da rückt die ganze Sippe herbei,
Da wirbelt's von Fragen ohne Zahl:
„Was habt ihr gesehen? Erzählt einmal!"

Der eine drauf mit Gähnen spricht:
„Was wir geseh'n? Viel Seltnes nicht!
Ach, Bäume, Wiesen, Bach und Hain
Und blauen Himmel und Sonnenschein!"

Der andere lächelnd dasselbe spricht,
Doch leuchtenden Blicks, mit verklärtem Gesicht:
„Ei, Bäume, Wiesen, Bach und Hain
Und blauen Himmel und Sonnenschein!"

Anastasius Grün (1806–1876)

1. Strophe: ______________________________

2. Strophe: ______________________________

3. Strophe: ______________________________

4. Strophe: ______________________________

Zeilenstil und Enjambement (Zeilensprung)

Tipp

- Wenn ein Satz oder Teilsatz zusammen mit dem Vers endet, spricht man vom **Zeilenstil**:
  Wer reitet so spät durch Nacht und Wind?
  Es ist der Vater mit seinem Kind.
- Umfasst ein Satz oder Teilsatz zwei oder mehr Verse, nennt man diese Verbindung ein **Enjambement (Zeilensprung)**:
  Hat der alte Hexenmeister
  Sich doch einmal wegbegeben!

Wenn du ein Gedicht laut vorliest, musst du auf die Gestaltung der Versgrenzen Rücksicht nehmen: Beim Zeilenstil entsteht nach jedem Vers eine kleine Pause (Zäsur). Bei einem Vers, der durch ein Enjambement mit dem folgenden Vers verbunden ist, entfällt diese Unterbrechung.

4 ★☆ **Welche Gedichtstrophe ist durchgängig im Zeilenstil verfasst? Kreuze sie an.**

a) ☐

Die Nachtigall, sie war entfernt,
Der Frühling lockt sie wieder;
Was Neues hat sie nicht gelernt,
Singt alte liebe Lieder.

Aus: J. W. von Goethe, Ländlich

b) ☐

Nun will der Lenz uns grüßen,
von Mittag weht es lau;
aus allen Wiesen sprießen
die Blumen rot und blau.

Aus einem alten Volkslied

5 ★☆ **In einer der Strophen oben kommt ein Enjambement vor. Kennzeichne es mit einer Linie.**

6 ★☆ **Finde die Enjambements.**

Die Bäume blühn,
Die Vöglein singen,
Die Wiesen bringen
Ihr erstes Grün.

Aus: Nikolaus Lenau, Lenz

Gekommen ist der Maie,
Die Blumen und Bäume blühn,
Und durch die Himmelsbläue
Die rosigen Wolken ziehn.

Aus: Heinrich Heine, Gekommen ist der Maie

Tipp

Oft stellen Zeilenstil und Enjambement durch Pausen bzw. Versverbindungen die gedankliche **Gliederung** eines Gedichts besonders heraus. Sie können auch die **Stimmung**, die in einem Gedicht zum Ausdruck kommt, mit beeinflussen.

- Der Zeilenstil wirkt geordnet und gleichmäßig und erweckt häufig den Eindruck einer ruhigen, ausgeglichenen Stimmung.
- Das Enjambement hat wegen der fehlenden Pausen oft eine gleitende und fließende Wirkung und kann eine unruhige, vorwärtsdrängende und dynamische Stimmung vermitteln.

7 ★☆ **Worum geht es in dieser Gedichtstrophe? Notiere das Thema.**

Komm, lieber Mai, und mache
die Bäume wieder grün,
und laß mir an dem Bache
die kleinen Veilchen blüh'n!

Aus: Christian A. Overbeck, Komm, lieber Mai

Thema: ______________________

8 ★☆ **Beschreibe die Stimmung, die in der Strophe ausgedrückt wird.**

____

9 ★★ **Kennzeichne die Enjambements und beschreibe ihre Wirkung. Gehe dabei auch auf die Stimmung des Gedichts ein.**

____

10 ★☆ **Gliedere die Strophe in Sinnabschnitte und begründe deine Einteilung stichwortartig.**

1. Abschnitt (Vers ______ bis ______): ______________________

2. Abschnitt (Vers ______ bis ______): ______________________

11 ★★ **Stelle einen Zusammenhang zwischen der Gestaltung der Versgrenzen und der Gliederung der Strophe her. Schreibe auf ein gesondertes Blatt.**

Reime

Tipp

Wörter, die von ihrem letzten betonten Vokal an gleich klingen, werden als Reim bezeichnet (Hérz - Schmérz; Stúfen - rúfen; Sáal - Gemáhl).
Es gibt verschiedene **Reimarten**. Besonders wichtig sind:

- **Reine Reime**: Die Wörter klingen vom letzten betonten Vokal an gleich (Fénster - Gespénster; gebróchen - verspróchen; Stráhl - Tál).
- **Unreine Reime**: Die Laute klingen vom letzten betonten Vokal an nicht gleich, sondern nur ähnlich (s*ie* - fr*üh*; spr*ießen* - gr*üßen*; w*eben* - S*egen*).

12 ★☆ **Kennzeichne den jeweils letzten betonten Vokal mit einem Akzent. Finde anschließend selbst Wörter, die einen reinen Reim ergeben.**

springen: ______ ______ ______

entlang: ______ ______ ______

vergeben: ______ ______ ______

13 ★☆ **Wähle passende Wörter aus und bilde sinnvolle Reime.**

Feuer ästhetisch Gefühl See Teetisch viel

Sie saßen und tranken am ______,

Und sprachen von Liebe ______.

Die Herren die waren ______,

Die Damen von zartem ______.

Aus: Heinrich Heine, Sie saßen und tranken

14 ★☆ **Welcher der Reime ist unrein? Markiere ihn.**

Tipp

Meistens reimen sich die jeweils letzten Wörter der Verse.
Man spricht auch von Endreimen. **Endreime** werden in verschiedene **Reimfolgen** unterteilt, die nach einem bestimmten Muster angeordnet sind (**Reimschema**). Du gibst das Reimschema mithilfe von klein geschriebenen Buchstaben wieder. Besonders häufig kommen diese Reimfolgen vor:

- Paarreim (aabb …),
- Kreuzreim (abab …),
- umarmender oder auch umschließender Reim (abba …),
- Schweifreim (aabccb …).

15 ★☆ **Entwirre den Wörtersalat und ergänze mithilfe der gefundenen Wörter die Lücken so, dass sinnvolle Paarreime entstehen. (Achtung: Ein Wort musst du zweimal einsetzen.)**

zurückStücklangBumerangstundenlang

Bumerang

War einmal ein ______________________;

War ein weniges zu ______________________.

Bumerang flog ein ______________________,

Aber kam nicht mehr ______________________.

Publikum – noch ______________________ –

Wartete auf ______________________.

Joachim Ringelnatz (1883–1934)

16 ★☆ **Schreibe das Reimschema auf.**

Reimschema: ______________________

Lies das Gedicht von Heinrich Heine und notiere das Reimschema neben den Versen. Welche Reimfolge liegt vor? Kreuze die richtige Antwort an.

Das Fräulein stand am Meere ____________
Und seufzte lang und bang, ____________
Es rührte sie so sehre ____________
Der Sonnenuntergang. ____________

Mein Fräulein! sein Sie munter, ____________
Das ist ein altes Stück; ____________
Hier vorne geht sie unter ____________
Und kehrt von hinten zurück. ____________

Aus: Heinrich Heine, Das Fräulein

- ☐ Umarmender Reim
- ☐ Schweifreim
- ☐ Kreuzreim
- ☐ Paarreim

18 ★☆ **Schreibe die Verse sinnvoll geordnet auf die Linien. Orientiere dich dabei am vorgegebenen Schema. Bestimme anschließend die Reimfolge.**

Singt stets die Nachtigall

Wie wir zusammen waren

Ich denk' bei ihrem Schall

Seit du von mir gefahren

____, a

____, b

____, b

____. a

Aus: Clemens Brentano, Der Spinnerin Nachtlied

Reimfolge: ____

19 ★☆ **Die folgende Gedichtstrophe kennst du vielleicht. Lies sie und schreibe das Reimschema neben die Verse. Bestimme anschließend die Reimfolge.**

Der Mond ist aufgegangen ______
Die goldnen Sternlein prangen ______
  Am Himmel hell und klar; ______
Der Wald steht schwarz und schweiget, ______
Und aus den Wiesen steiget ______
  Der weiße Nebel wunderbar. ______

Aus: Matthias Claudius, Abendlied

Reimfolge: ______

20 ★☆ **Finde eine passende Überschrift für diese Strophe.**

Überschrift: ______

21 ★☆ **Gliedere die Strophe in zwei Sinnabschnitte und fasse den Inhalt der Abschnitte stichwortartig zusammen.**

1. Abschnitt (Vers ______ bis ______): ______

2. Abschnitt (Vers ______ bis ______): ______

22 ★★ **Stelle einen Zusammenhang zwischen der Reimfolge und der Gliederung der Strophe her. Welche Rolle spielen dabei die Verse 3 und 6?**

______

______

23 ★★ **In der Strophe kommen Enjambements vor. Kennzeichne sie und überlege, was sie zum Ausdruck bringen.**

Metrum (Versmaß)

Tipp

Mit den Begriffen **Metrum** oder **Versmaß** wird die regelmäßige Abfolge von betonten und unbetonten Silben in einem Vers bezeichnet. Das Metrum kann schematisch dargestellt werden. Dabei werden betonte Silben mit einem groß geschriebenen X oder auch mit einem x́, unbetonte Silben mit einem kleingeschriebenen x wiedergegeben.
Diese Metren kommen besonders oft vor:

- **Jambus**: Auf eine unbetonte folgt eine betonte Silbe (**xX xX xX ...**). Der Jambus wirkt meistens lebhaft und drängend.
- **Trochäus**: Auf eine betonte folgt eine unbetonte Silbe (**Xx Xx Xx ...**). Der Trochäus wirkt oft getragen und ruhig.

24 ★☆ **Welches Schema gibt das Metrum richtig wieder? Kreuze es an. Bestimme anschließend das Metrum.**

	a) ☐	b) ☐	c) ☐
Laue Luft kommt blau geflossen,	XxXxXxXx	XxXxXxXx	XxXxXxX
Frühling, Frühling soll es sein ...	XxXxXxXx	XxXxXxX	XxXxXxX

Joseph von Eichendorff

Metrum: ______________________

25 ★★ **Lies die Verse laut vor. Achte dabei auf den Wechsel von betonten und unbetonten Silben und schreibe den Namen des Metrums auf.**

a) O Täler weit, o Höhen,
O schöner, grüner Wald
Joseph von Eichendorff

____

b) Singet leise, leise, leise,
Singt ein flüsternd Wiegenlied ...
Clemens Brentano

____

c) Es sitzt ein Vogel auf dem Leim,
Er flattert sehr und kann nicht heim ...
Wilhelm Busch

____

d) In einem kühlen Grunde
Da geht ein Mühlenrad ...
Joseph von Eichendorff

____

Tipp

- **Daktylus**: Auf eine betonte Silbe folgen zwei unbetonte Silben:
  Xxx Xxx … (Betonung wie bei dem Wort Daktylus).
  Der Daktylus erinnert an den Dreivierteltakt (Walzertakt) in der Musik und hat eine tänzerische, beschwingte Wirkung.
- **Anapäst**: Auf zwei unbetonte Silben folgt eine betonte Silbe:
  xxX xxX … (Betonung wie bei dem Wort Anapäst).
  Der Anapäst wirkt meist vorwärtsdrängend.

26 ★☆ **Kreuze jeweils die zwei richtigen Antworten an.**

a) Seht! wie die Tage sich sonnig verklären … Johann Gaudenz von Salis-Seewis

☐ xxXxxXxxXxx ☐ Anapäst ☐ Daktylus ☐ XxxXxxXxxXx

b) Wie mein Glück, ist mein Lied … Friedrich Hölderlin

☐ XxxXxx ☐ xxXxxX ☐ Anapäst ☐ Daktylus

c) Herr von Ribbeck auf Ribbeck im Havelland … Theodor Fontane

☐ Daktylus ☐ Anapäst ☐ XxxXxxXxxXx ☐ xxXxxXxxXxx

Tipp

Wenn du das Metrum eines Gedichts bestimmst, musst du auch die **Anzahl der betonten Silben**, man sagt auch **Hebungen**, angeben, die in einem Vers vorkommen. Zum Beispiel:
zweihebiger Jambus (= xX xX) oder dreihebiger Trochäus (= Xx Xx Xx) usw.

27 ★☆ **Notiere das Schema und die vollständige Bezeichnung der Metren.**

a) Liebe läßt sich suchen, finden,
Niemals lernen, oder lehren … Ludwig Tieck

Schema: ______________ Metrum: ________________________________

b) Kennst du das Land, wo die Zitronen blühn … Johann Wolfgang von Goethe

Schema: ______________ Metrum: ________________________________

Tipp

Die Anzahl der Betonungen (Hebungen) kann in einer Strophe von Vers zu Vers variieren. So können sich z. B. dreihebige und zweihebigen Verse in regelmäßiger Folge abwechseln.

28 ★☆ **Schreibe das Schema des Metrums auf.**

Schlummernd lagen Wies und Hain, ____________________
Jeder Pfad verlassen; ____________________
Niemand als der Mondenschein ____________________
Wachte auf der Straßen. ____________________

Aus: Nikolaus Lenau, Der Postillon

29 ★☆ **Die folgende Beschreibung der Gedichtstrophe enthält Fehler. Unterstreiche die Fehler und schreibe die Sätze korrigiert auf.**

Die Strophe besteht aus vier Versen. Bei dem Metrum handelt es sich um einen abwechselnd drei- und zweihebigen Jambus.

____

____

30 ★☆ **Lies diese Verse und notiere das Schema und den Namen des Metrums. Beschreibe dann auf einem extra Blatt, wie das Metrum gestaltet ist.**

Walle! walle ____________________
Manche Strecke, ____________________
Daß, zum Zwecke, ____________________
Wasser fließe ____________________
Und mit reichem, vollem Schwalle ____________________
Zu dem Bade sich ergieße. ____________________

J. W. v. Goethe, Der Zauberlehrling

Die Verse sind __________________________________

Auftakt und Kadenz

Tipp

Auftakt: Eine unbetonte Silbe am **Versanfang** wird Auftakt genannt. Alle jambischen Verse beginnen mit einem Auftakt (xX), auch Daktylen fangen oft mit einem Auftakt an (xXxx). Der Trochäus ist in der Regel auftaktlos (Xx).

Kadenz: Das **Ende eines Verses** bezeichnet man als Kadenz.
- Steht eine betonte Silbe am Ende des Verses, spricht man von einer **männlichen** oder **stumpfen Kadenz** (xX).
- Ist die letzte Silbe eines Verses unbetont, spricht man von einer **weiblichen** oder **klingenden Kadenz** (Xx oder auch: Xxx).

31 ★☆ **Vervollständige die Tabelle.**

	Metrum	Reim	Kadenz
Laß, o Welt, o laß mich sein!	XxXxXxX	a	m
Locket nicht mit Liebesgaben,			
Laßt dies Herz alleine haben			
Seine Wonne, seine Pein!			

Aus: Eduard Mörike, Verborgenheit

32 ★★ **Ergänze den Lückentext mithilfe deiner Angaben aus der Tabelle.**

Die Strophe besteht aus vier Versen und ist in einem ________________hebigen ________________ verfasst. Es liegt ein ________________ ________________ vor (abba). Alle Verse beginnen ________________Auftakt, also mit einer ________________Silbe. Vers 1 und 4 enden mit einer ________________ (stumpfen), Vers 2 und 3 mit einer________________(klingenden) Kadenz. Die Reihenfolge der Kadenzen entspricht dem Reimschema: Die beiden a-Reime enden männlich, die b-Reime weiblich.

Rhythmus

Tipp

Wenn vom **Rhythmus** eines Gedichts, einzelner Verse oder Strophen gesprochen wird, ist **nicht allein** das **Metrum (Versmaß)** gemeint. Der Rhythmus wird durch unterschiedliche Elemente beeinflusst.

- Neben dem Metrum können z. B. Pausen und Verbindungen, die sich wegen der Versgrenzen ergeben (Zeilenstil, Enjambements), auf den Rhythmus einwirken.
- Auch der Inhalt und die Stimmung haben oft Einfluss auf den Rhythmus. Sie können das Sprechtempo bestimmen, Sprechpausen oder Betonungen verlangen, die formal nicht vorgesehen sind.
- Du kannst den Rhythmus mit Adjektiven wie „fließend, vorwärtsdrängend, lebhaft, ruhig, schreitend, stockend“ beschreiben.

Lies dieses Gedicht.

Das zerbrochene Ringlein

In einem kühlen Grunde
Da geht ein Mühlenrad,
Mein' Liebste ist verschwunden,
Die dort gewohnet hat.

Sie hat mir Treu versprochen,
Gab mir ein'n Ring dabei,
Sie hat die Treu gebrochen,
Mein Ringlein sprang entzwei.

Ich möcht als Spielmann reisen
Weit in die Welt hinaus,
Und singen meine Weisen,
Und gehn von Haus zu Haus

Ich möcht als Reiter fliegen
Wohl in die blutge Schlacht,
Um stille Feuer liegen
Im Feld bei dunkler Nacht.

Hör ich das Mühlrad gehen:
Ich weiß nicht, was ich will –
Ich möcht am liebsten sterben,
Da wär's auf einmal still!

Joseph von Eichendorff (1788–1857)

Fasse den Inhalt des Gedichts in einem Satz zusammen.

___

___

Gliedere Eichendorffs Gedicht "Das zerbrochene Ringlein" in drei Sinnabschnitte. Gib die Strophen für jeden Abschnitt an und begründe deine Einteilung.

Sinnabschnitte/ Strophen	Begründung

36 ★☆

Beschreibe die Form des Gedichts (Reim, Metrum, Kadenzen). Setze den begonnenen Text fort.

Das Gedicht umfasst fünf Strophen mit je vier Versen ____________________

Kennzeichne die Enjambements in der dritten und vierten Strophe.

Schreibe auf, welchen Einfluss der Inhalt der dritten und vierten Strophe und die Enjambements auf den Rhythmus des Gedichts haben.

Der Sprecher im Gedicht

Tipp

- Der Sprecher eines Gedichts kann ausdrücklich in Erscheinung treten. Er spricht dann in der **Ich-Form**, also in der 1. Person Singular, oder verweist mit anderen persönlichen Formen auf sich selbst (*meiner, mir, mich …*). Man nennt diesen Sprecher das **lyrische Ich**.
- Das lyrische Ich kann als Teil einer Gruppe auch in der 1. Person Plural sprechen (*wir; uns, unser, unsere, unseren*).
- In der Regel ist das lyrische Ich eine vom Autor **erfundene Figur**. Du darfst es darum nicht mit dem Autor gleichsetzen.

Unterstreiche alle Wörter, mit denen das lyrische Ich ausdrücklich auf sich selbst verweist.

Gefunden

Ich ging im Walde
So für mich hin,
Und nichts zu suchen,
Das war mein Sinn.

Im Schatten sah ich
Ein Blümchen stehn,
Wie Sterne leuchtend,
Wie Äuglein schön.

Ich wollt es brechen,*
Da sagt' es fein:
Soll ich zum Welken
Gebrochen sein?

Ich grubs mit allen
Den Würzlein aus.
Zum Garten trug ichs
Am hübschen Haus.

Und pflanzt es wieder
Am stillen Ort;
Nun zweigt es immer
Und blüht so fort.

Johann Wolfgang von Goethe (1749–1832)
*brechen: ein anderes Wort für „pflücken"

Fasse den Inhalt des Gedichts in eigenen Worten zusammen.

Tipp

In manchen Gedichten spricht das lyrische Ich nicht in der Ich-Form. Es kann aber den Leser oder eine andere Figur, man sagt auch ein **lyrisches Du**, ansprechen (2. Person Singular oder Plural: *du, dich, dir; ihr, euer*) und so mittelbar auf sich selbst verweisen.

Das lyrische Du wird oft auch der **Adressat** des Gedichts genannt.

Vervollständige das Gedicht sinnvoll, indem du die fehlenden Pronomen in der richtigen Form einträgst. (Tipp: Eine Verbform gleich am Anfang des Gedichts verrät dir, ob die Pronomen in der 1. oder 2. Person Singular stehen müssen.)

Guter Rat

An einem Sommermorgen
Da nimm den Wanderstab,
Es fallen ______________ Sorgen
Wie Nebel von ______________ ab.

Des Himmels heitere Bläue
Lacht ______________ ins Herz hinein,
Und schließt, wie Gottes Treue,
Mit seinem Dach ______________ ein.

Rings Blüten nur und Triebe
Und Halme von Segen schwer,
______________ ist, als zöge die Liebe
Des Weges nebenher.

So heimisch alles klinget
Als wie im Vaterhaus,
Und über die Lerchen schwinget
Die Seele sich hinaus.

Theodor Fontane (1819–1898)

42 **Wozu rät das lyrische Ich dem lyrischen Du?**

____

Beschreibe die Stimmung, die das lyrische Ich vermittelt.

____

____

Tipp

In einigen Gedichten schlüpft das lyrische Ich in eine Rolle.
In diesen sogenannten **Rollengedichten** spricht es beispielsweise als Liebender, als Mädchen, als Schäfer oder Sänger.
Oft erkennst du schon an der Überschrift, welche Rolle das Ich einnimmt (z. B. Goethe, „*Schäfers* Klagelied"; Brentano, „Der *Spinnerin* Nachtlied"; Kästner, „Monolog eines *Blinden*").

44 Welche Rolle nimmt das lyrische Ich in diesem Gedicht ein? Wähle eine treffende Überschrift aus und schreibe sie über den Text.

___

Früh, wann die Hähne krähn,
Eh die Sternlein verschwinden,
Muß ich am Herde stehn,
Muß Feuer zünden.

Schön ist der Flammen Schein,
Es springen die Funken;
Ich schaue so drein,
In Leid versunken.

Pötzlich, da kommt es mir,
Treuloser Knabe,
Daß ich die Nacht von dir
Geträumet habe.

Träne auf Träne dann
Stürzet hernieder;
So kommt der Tag heran –
O ging' er wieder!

Eduard Mörike (1804–1875)

Lore Lay
Harfenspieler
Spinnerin Nachtlied
Schäfers Klagelied
Das verlassene Mägdlein
Das Harfenmädchen

45 Unterstreiche eine Textstelle, mit der du deine Auswahl belegen kannst.

Tipp

Es gibt Gedichte, in denen sich der Sprecher weder in der Ich-Form äußert noch ausdrücklich an ein lyrisches Du wendet. Man spricht in diesen Fällen von einem **verdeckten Sprecher**.

- Der verdeckte Sprecher kann als neutraler, distanzierter Berichterstatter ganz hinter seine Schilderung zurücktreten.
- Oft verrät er seine Sichtweise aber indirekt, z. B. durch Übertreibungen, ironische Bemerkungen, unpersönlich formulierte Kommentare usw.

46 ★☆ **Lies das Gedicht und fasse den Inhalt in einem Satz zusammen.**

Durch die Blume

Ein Mensch pflegt seines Zimmers Zierde,
Ein Rosenstöckchen, mit Begierde.
Gießts täglich, ohne zu ermatten,
Stellts bald ins Licht, bald in den Schatten,
Erfrischt ihm unentwegt die Erde,
Vermischt mit nassem Obst der Pferde,
Beschneidet sorgsam jeden Trieb –
Doch schon ist hin, was ihm so lieb.
Leicht ist hier die Moral zu fassen:
Man muß die Dinge wachsen lassen!

Eugen Roth (1895–1976)

____

47 ★☆ **Gib die Verse an, in denen der Sprecher das Verhalten des Menschen kommentiert.**

Kommentar des Sprechers: Vers __________ bis __________

48 ★★ **Erkläre den Kommentar des Sprechers. Stelle dabei einen Zusammenhang zum gesamten Gedicht her.**

____

____

Tipp

Es ist möglich, dass sich der Sprecher in einem Gedicht auf unterschiedliche Weise äußert: Er kann in der Ich-Form sprechen und sich ebenso an ein lyrisches Du wenden, daneben noch als distanzierter Berichterstatter oder Kommentator auftreten. Für das Verständnis des Gedichts ist es wichtig, dass du die unterschiedlichen Formen des Sprechens genau herausarbeitest.

★☆

Lies das Gedicht und vervollständige die Angaben. Auf welche Weise tritt der Sprecher in der zweiten und dritten Strophe in Erscheinung?

Möwenlied

Die Möwen sehen alle aus,
als ob sie Emma hießen.
Sie tragen einen weißen Flaus
und sind mit Schrot zu schießen.

Ich schieße keine Möwe tot,
ich laß sie lieber leben –
und füttre sie mit Roggenbrot
und rötlichen Zibeben.*

O Mensch, du wirst nie nebenbei
der Möwe Flug erreichen.
Wofern du Emma heißest, sei
zufrieden, ihr zu gleichen.

Christian Morgenstern (1871–1914)
*Zibeben: große Rosinen

1. Strophe: *Der Sprecher spricht als distanzierter Berichterstatter.*

2. Strophe: ______________________________

3. Strophe: ______________________________

50 ★★ **Fasse jede Strophe kurz zusammen. Berücksichtige dabei auch die unterschiedlichen Formen, in denen sich der Sprecher äußert.**

In der ersten Strophe ______________________________

____

____

____

____

51 ★★ **Was wird in der ersten Strophe über die Einstellung der Menschen den Möwen gegenüber ausgesagt?**

____

____

____

52 ★★ **Erläutere, wie das lyrische Ich über die Möwen denkt.**

____

____

____

53 ★☆ **Warum haben die Möwen in dem Gedicht einen Namen?**

____

____

Die bildliche Sprache

Tipp

In Gedichten kommen häufig bildliche Beschreibungen vor. So können die Augen beispielsweise „Fenster", der Mond ein „treuer Freund" genannt werden. Die bildliche Sprache ist besonders anschaulich und macht einen Text lebendiger. Darüber hinaus kann sie beim Leser Assoziationen wecken, die der alltägliche Gebrauch der Wörter oft nicht hervorruft.

Welche Vorstellungen verbindest du mit diesem Sprachbild? Ergänze den Cluster.

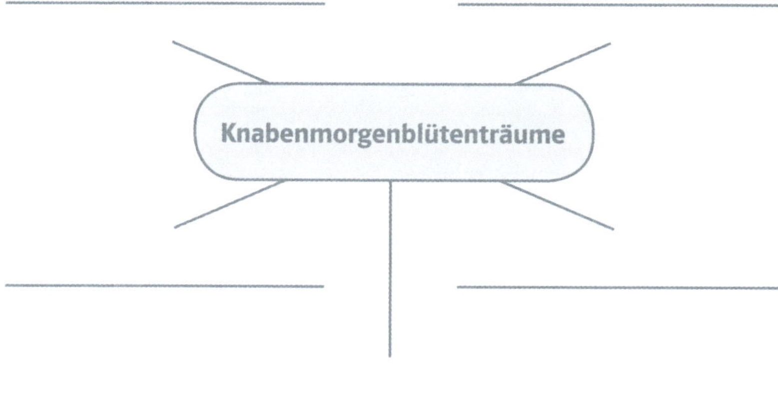

Tipp

Es gibt unterschiedliche Formen der bildlichen Sprache.

In Gedichten werden besonders häufig **Vergleiche, Metaphern, Personifikationen und Symbole** verwendet.

- **Vergleiche** erkennst du an Vergleichswörtern (*wie, so – wie, als, als ob, als wenn*): Jana singt so schön *wie* eine Nachtigall.
- Vergleiche führen zwei unterschiedliche Sinnbereiche zusammen, z. B. kann die Welt der Menschen mit der Tierwelt verglichen werden.
- Dabei besteht eine Gemeinsamkeit zwischen den beiden Bereichen, die in vielen Vergleichen ausdrücklich genannt wird: Jana singt *so schön wie* eine Nachtigall. (Die Gemeinsamkeit liegt in der Schönheit des Gesangs.)

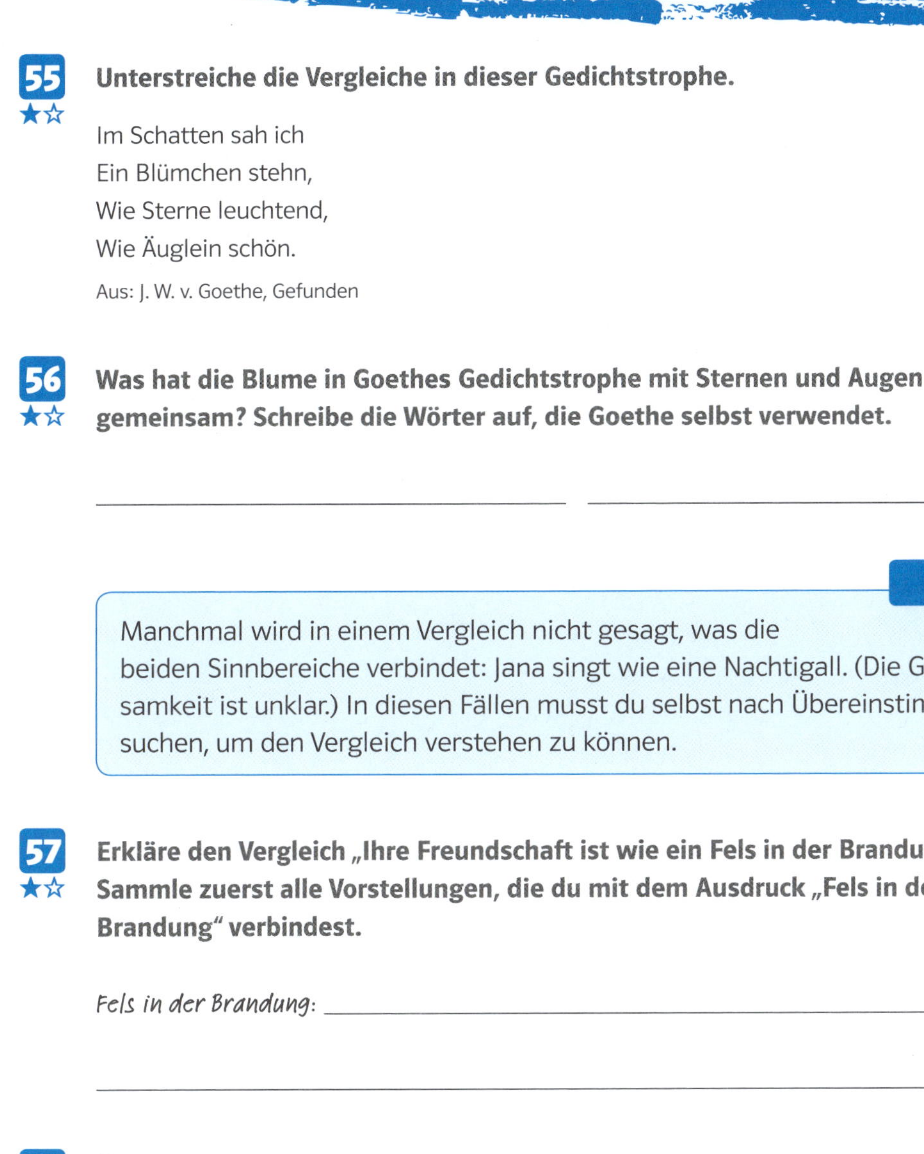

55 ★☆ **Unterstreiche die Vergleiche in dieser Gedichtstrophe.**

Im Schatten sah ich
Ein Blümchen stehn,
Wie Sterne leuchtend,
Wie Äuglein schön.

Aus: J. W. v. Goethe, Gefunden

56 ★☆ **Was hat die Blume in Goethes Gedichtstrophe mit Sternen und Augen gemeinsam? Schreibe die Wörter auf, die Goethe selbst verwendet.**

______________________ ______________________

Tipp

Manchmal wird in einem Vergleich nicht gesagt, was die beiden Sinnbereiche verbindet: Jana singt wie eine Nachtigall. (Die Gemeinsamkeit ist unklar.) In diesen Fällen musst du selbst nach Übereinstimmungen suchen, um den Vergleich verstehen zu können.

57 ★☆ **Erkläre den Vergleich „Ihre Freundschaft ist wie ein Fels in der Brandung“. Sammle zuerst alle Vorstellungen, die du mit dem Ausdruck „Fels in der Brandung“ verbindest.**

Fels in der Brandung: ______________________

____

58 ★☆ **Überlege nun, welche deiner Vorstellungen du sinnvoll auf den Begriff der Freundschaft übertragen kannst, und erkläre den Vergleich.**

Der Vergleich bringt zum Ausdruck, dass die Freundschaft ______________________

____

____

Tipp

- **Metaphern** sind Sprachbilder, die sich meistens auf Vergleiche zurückführen lassen, allerdings fehlt das Vergleichswort *wie*.
  Der *Löwe* ist *wie* ein König. (Vergleich)
  Der Löwe ist der *König der Tiere*. (Metapher)
- Sie können aus Wortzusammensetzungen oder mehrteiligen Ausdrücken bestehen: Blumengesicht; ein langes Gesicht machen.
- Eine besonders schwierige Metapher verstehst du meist besser, wenn du nach dem Vergleich suchst, der in der Metapher steckt. Oft hilft es auch, wenn du alle Vorstellungen sammelst, die du mit dem Bild verbindest.

Lies dieses Gedicht genau durch.

Die Wälder schweigen

Die Jahreszeiten wandern durch die Wälder.
Man sieht es nicht. Man liest es nur im Blatt.*
Die Jahreszeiten strolchen durch die Felder.
Man zählt die Tage. Und man zählt die Gelder.
Man sehnt sich fort aus dem Geschrei der Stadt.

Das Dächermeer schlägt ziegelrote Wellen.
Die Luft ist dick und wie aus grauem Tuch.
Man träumt von Äckern und von Pferdeställen.
Man träumt von grünen Teichen und Forellen.
Und möchte in die Stille zu Besuch.

Die Seele wird vom Pflastertreten krumm.
Mit Bäumen kann man wie mit Brüdern reden
und tauscht bei ihnen seine Seele um.
Die Wälder schweigen. Doch sie sind nicht stumm.
Und wer auch kommen mag, sie trösten jeden.

Man flieht aus den Büros und den Fabriken.
Wohin, ist gleich! Die Erde ist ja rund!
Dort, wo die Gräser wie Bekannte nicken
und wo die Spinnen seidne Strümpfe stricken,
wird man gesund.

Erich Kästner (1899–1974)
*Blatt: Zeitung

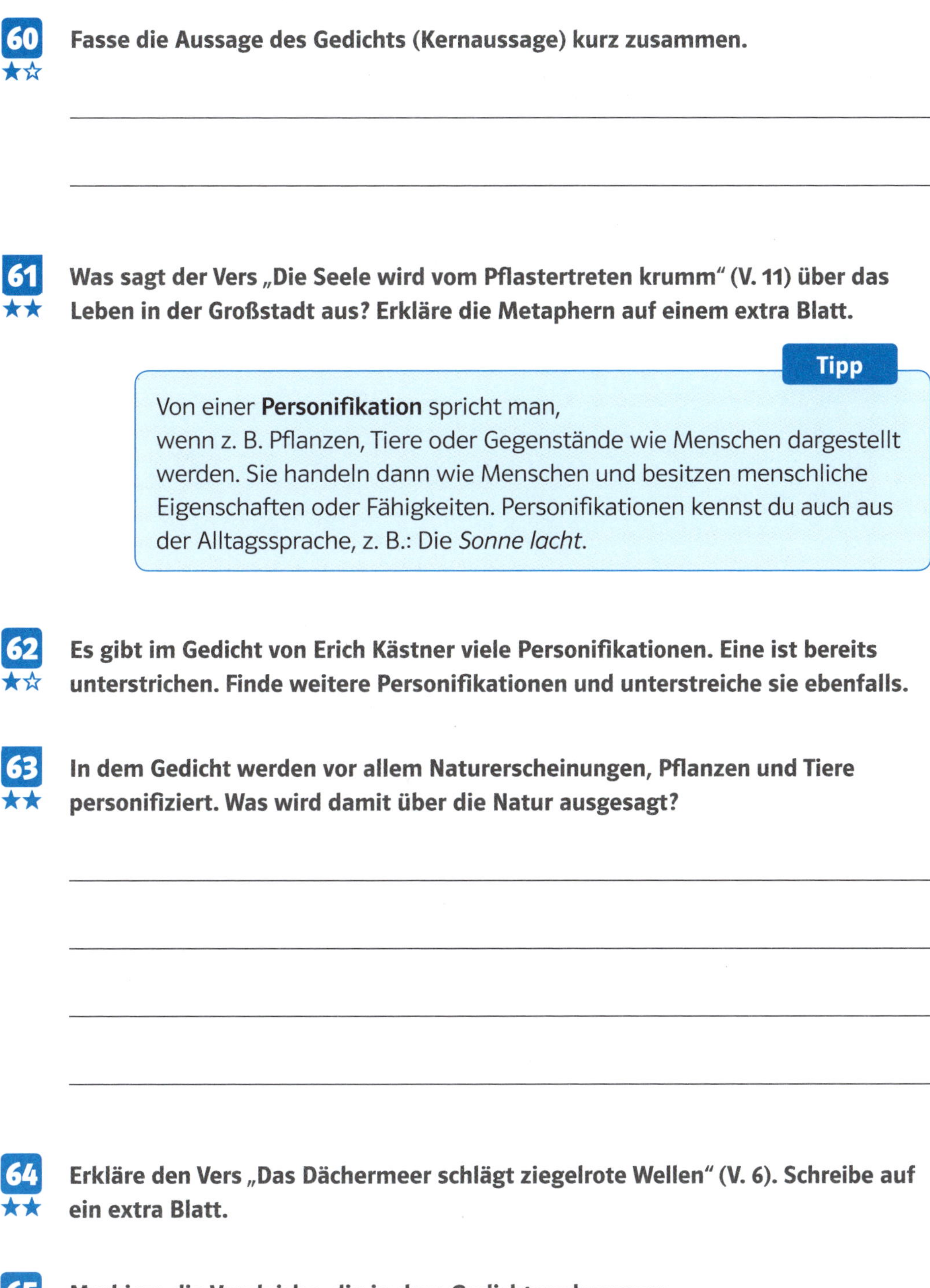

60 ★☆ **Fasse die Aussage des Gedichts (Kernaussage) kurz zusammen.**

____

____

61 ★★ **Was sagt der Vers „Die Seele wird vom Pflastertreten krumm" (V. 11) über das Leben in der Großstadt aus? Erkläre die Metaphern auf einem extra Blatt.**

Tipp

Von einer **Personifikation** spricht man, wenn z. B. Pflanzen, Tiere oder Gegenstände wie Menschen dargestellt werden. Sie handeln dann wie Menschen und besitzen menschliche Eigenschaften oder Fähigkeiten. Personifikationen kennst du auch aus der Alltagssprache, z. B.: Die *Sonne lacht*.

62 ★☆ **Es gibt im Gedicht von Erich Kästner viele Personifikationen. Eine ist bereits unterstrichen. Finde weitere Personifikationen und unterstreiche sie ebenfalls.**

63 ★★ **In dem Gedicht werden vor allem Naturerscheinungen, Pflanzen und Tiere personifiziert. Was wird damit über die Natur ausgesagt?**

____

____

____

____

64 ★★ **Erkläre den Vers „Das Dächermeer schlägt ziegelrote Wellen" (V. 6). Schreibe auf ein extra Blatt.**

65 ★☆ **Markiere die Vergleiche, die in dem Gedicht vorkommen.**

Tipp

Symbole sind bildliche Ausdrücke, die auf einen abstrakten Sachverhalt verweisen. Sie werden oft auch **Sinnbilder** genannt. Viele Symbole haben eine lange Tradition. Das Kreuz gilt z. B. als Symbol des Christentums, die Taube steht für die Idee des Friedens, das Herz für die Liebe.

66 Unterstreiche das Symbol, das in dieser Gedichtstrophe vorkommt, und erläutere es.

Sie hat mir Treu versprochen,
Gab mir ein'n Ring dabei,
Sie hat die Treu gebrochen,
Mein Ringlein sprang entzwei.

Aus: Joseph von Eichendorff, Das zerbrochene Ringlein

67 In vielen Gedichten symbolisiert der Lindenbaum die Liebe. Das lyrische Ich der folgenden Strophen erklärt, warum das so ist. Gib seine Erklärung in eigenen Worten wieder.

Mondscheintrunkne Lindenblüten,
Sie ergießen ihre Düfte,
Und von Nachtigallenliedern
Sind erfüllet Laub und Lüfte.

Lieblich läßt es sich, Geliebter,
Unter dieser Linde sitzen,
Wenn die goldnen Mondeslichter
Durch des Baumes Blätter blitzen.

Sieh dies Lindenblatt! du wirst es
Wie ein Herz gestaltet finden;
Darum sitzen die Verliebten
Auch am liebsten unter Linden.

Aus: Heinrich Heine,
Mondscheintrunkene Lindenblüten

Wortwahl und Stilmittel

Tipp

Die Sprache in Gedichten ist besonders komprimiert und verdichtet. Darum musst du sehr aufmerksam lesen und die **sprachliche Gestaltung** eines Gedichts genau untersuchen.
Achte auf die Wortwahl. Frage dich zum Beispiel,
- ob die Sprache eher einfach oder gehoben ist,
- ob Wörter besonders auffallen (z. B. Dialektwörter, Verkleinerungsformen),
- ob neue Wörter gebildet werden (man bezeichnet eine Wortneuschöpfung auch als Neologismus),
- ob bestimmte Wortarten besonders hervorgehoben sind,
- welche Bedeutung und Wirkung die sprachlichen Besonderheiten haben.

68 ★☆ **Welches dieser Wörter ist ungewöhnlich und eine Neuschöpfung (Neologismus)? Kreise es ein.**

herbstlich Herbstluft Herbstsonne

Herbstlicht Herbstwind herbstkräftig Herbstnebel

Herbstregen

69 ★★ **Lies diese Strophe und überlege, was der Imperativ in Vers 1 und die Interjektion in Vers 7 zum Ausdruck bringen.**

Komm, lieber Mai, und mache
die Bäume wieder grün,
und laß mir an dem Bache
die kleinen Veilchen blüh'n!

Wie möcht' ich doch so gerne
ein Veilchen wieder seh'n!
Ach, lieber Mai, wie gerne
einmal spazieren geh'n!

Aus: Christian A. Overbeck, Komm, lieber Mai

Tipp

Neben der Wortwahl solltest du ebenso auf die **Stilmittel** (Ausdrucksmittel) achten, die verwendet werden. Besonders wichtig sind:

- **Wiederholung**: Es können Verse, Wortgruppen oder auch einzelne Wörter wiederholt werden (es *regnete* und *regnete*).
- **Alliteration**: Mehrere benachbarte Wörter beginnen mit dem gleichen Konsonanten (*l*aue *L*üfte; *W*ind und *W*etter).
- **Assonanz**: Die Vokale in benachbarten Wörtern klingen gleich oder ähnlich, die Konsonanten unterscheiden sich (S*e*g*e*n – L*e*b*e*n).
- **Anapher**: Ein Wort oder eine Wortgruppe wird zu Beginn aufeinanderfolgender Verse wiederholt (*Wie* Sterne leuchtend / *Wie* Äuglein schön).

Wiederholungen bekräftigen eine Aussage oft. Alliterationen, Assonanzen und Anaphern können Zusammenhänge herstellen oder Stimmungen untermalen. All diese Stilmittel beeinflussen auch den Rhythmus.

70 ★★ **Welche Stilmittel werden in diesen Strophen verwendet? Kreuze jeweils zwei richtige Antworten an und unterstreiche die Stellen im Text.**

a) Bei einem Wirte, wundermild,
Da war ich jüngst zu Gaste;
Ein goldner Apfel war sein Schild
An einem langen Aste.

Aus: Ludwig Uhland, Einkehr

- ☐ Alliteration
- ☐ Anapher
- ☐ Assonanz

b) O Mutter! Was ist Seligkeit?
O Mutter! Was ist Hölle?
Bei ihm, bei ihm ist Seligkeit,
Und ohne Wilhelm Hölle!

Aus: Gottfried August Bürger; Lenore

- ☐ Alliteration
- ☐ Anapher
- ☐ Wiederholung

c) Die Bäume blühn,
Die Vöglein singen
Die Wiesen bringen
Ihr erstes Grün.

Aus: Nikolaus Lenau, Lenz

- ☐ Assonanz
- ☐ Anapher
- ☐ Alliteration

d) Sein Blick ist vom Vorübergehn der Stäbe
so müd geworden, daß er nichts mehr hält.
Ihm ist, als ob es tausend Stäbe gäbe
und hinter tausend Stäben keine Welt.

Aus: Rainer Maria Rilke, Der Panther

- ☐ Wiederholung
- ☐ Assonanz
- ☐ Anapher

Tipp

Lautmalerei (Onomatopoesie): Mit Buchstabenfolgen oder Wörtern werden natürliche Geräusche und Laute nachgeahmt (peng, miau). Viele lautmalende Wörter kennst du aus der Alltagsprache (summen, klappern, rasseln, knattern). Die Lautmalerei wirkt lebendig und besonders anschaulich.

71 **Markiere alle lautmalenden Wörter.**

a) Der Wind säuselt - bläst - weht.

b) Der Motor läuft - rattert - brummt.

c) Er hat sich die Hand verstaucht - verknackst - gebrochen.

d) Das Publikum spendete stürmischen - freundlichen - brausenden Beifall.

e) Aus den Lautsprechern kam dröhnende - ohrenbetäubende - laute Musik.

f) Das Wasser fließt - rauscht - strömt.

g) Die Bremsen quietschen - laufen heiß - blockieren.

h) Das Baby wimmerte- weinte - jammerte.

i) Der Pfeil zischt - fliegt - saust durch die Luft.

j) Vögel singen - piepsen - zwitschern.

k) Das Feuer brennt - glüht - knistert.

Tipp

Merke dir auch die folgenden **Stilmittel**, die vor allem den **Satzbau** betreffen:

- **Reihung**: Gleichrangige Wörter, Wortgruppen oder Sätze werden ohne oder mit derselben Konjunktion aneinandergereiht.
  Vögel, Blumen, Wiesen; Vögel und Blumen und Wiesen
- **Parallelismus**: Aufeinanderfolgende Verse oder Sätze haben die gleiche Satzstellung: *Reden ist* Silber, *Schweigen ist* Gold.
- **Chiasmus**: Überkreuzstellung zweier Satzglieder oder Teilsätze.
  Die *Kunst ist lang* und *kurz ist* unser *Leben*.
- **Antithese**: Gegenüberstellung gegensätzlicher Aussagen (*Alt* und *Jung*).

Die genannten Stilmittel können eine Aussage verstärken oder auch das Sprechtempo und den Rhythmus beeinflussen.

72 Unterstreiche die Reihungen, die in dieser Strophe vorkommen.

Alle Vögel sind schon da,
Alle Vögel, alle!
Welch ein Singen, Musiziern,
Pfeifen, Zwitschern, Tireliern!
Frühling will nun einmarschiern,
Kommt mit Sang und Schalle. Aus: Hoffmann von Fallersleben, Frühlings Ankunft

73 Verändere den unterstrichenen Vers so, dass eine Reihung im vierhebigen Anapäst entsteht. (Ergänze die Konjunktion „und“ an den richtigen Stellen.)

<u>Es wallet, siedet, brauset, zischt,</u>
Wie wenn Wasser mit Feuer sich mengt … Aus: Friedrich Schiller, Der Taucher

____

74 Welche Stilmittel werden in diesem Vers verwendet?

Was dieser heute baut, reißt jener morgen ein … Aus: Andreas Gryphius, Es ist alles eitel

______________________ ______________________

75 Lies diese Strophe und gib die Verse an, in denen die genannten Stillmittel vorkommen.

Das Dorf ist still, still ist die Nacht,
Die Mutter schläft, die Tochter wacht,
Sie deckt den Tisch, sie deckt für zwei,
Und sehnt die Mitternacht herbei.

Aus: Theodor Fontane, Silvesternacht

Chiasmus: ________________ Parallelismus: ________________

76 Bestimmt fallen dir in dieser Strophe noch weitere Stilmittel auf. Notiere sie.

____

77 Lies die beiden Gedichtstrophen und schreibe auf, welche Stilmittel darin verwendet werden. Belege deine Angaben mit Textstellen.

Laß, o Welt, o laß mich sein!
Locket nicht mit Liebesgaben,
Laßt dies Herz alleine haben
Seine Wonne, seine Pein!

Aus: Eduard Mörike, Verborgenheit

Die linden Lüfte sind erwacht,
Sie säuseln und weben Tag und Nacht,
Sie schaffen an allen Enden.
O frischer Duft, o neuer Klang!
Nun, armes Herze, sei nicht bang!
Nun muß sich alles, alles wenden.

Aus: Ludwig Uhland, Frühlingsglaube

Antithese – Alliteration – Lautmalerei – Parallelismus – Anapher – Wiederholung – Assonanz – Reihung

Stilmittel	
Mörike, Verborgenheit (1. Strophe)	Uhland, Frühlingsglaube (1. Strophe)
Alliteration: Locket … Liebesgaben …	…

3 Gedichte untersuchen und interpretieren

Theodor Storm, Die Stadt

Tipp

Bevor du ein Gedicht interpretierst, musst du dich erst einmal mit seinem Inhalt beschäftigen (Wer spricht? Worüber wird gesprochen?). Anschließend untersuchst du die formale Gestaltung des Textes (Strophenaufbau, Reimfolge, Metrum, Sprache, Stilmittel).
Man nennt diese Arbeitsschritte oft die Analyse des Gedichts.

Lies dieses Gedicht von Theodor Storm aufmerksam durch. Untersuche den Text anschließend mithilfe der Aufgaben.

Die Stadt

Am grauen Strand, am grauen Meer
Und seitab liegt die Stadt;
Der Nebel drückt die Dächer schwer,
Und durch die Stille braust das Meer
Eintönig um die Stadt.

Es rauscht kein Wald, es schlägt im Mai *
Kein Vogel ohn Unterlaß;
Die Wandergans mit hartem Schrei
Nur fliegt in Herbstesnacht vorbei,
Am Strande weht das Gras.

Doch hängt mein ganzes Herz an dir,
Du graue Stadt am Meer;
Der Jugend Zauber für und für **
Ruht lächelnd doch auf dir, auf dir,
Du graue Stadt am Meer.

Theodor Storm (1817–1888)
* schlägt: singt; ** für und für: (für) immer

Lies das Gedicht ein zweites Mal und mache dir erste Notizen zu Inhalt und Form. Du kannst neben den Gedichttext schreiben und Stellen unterstreichen.

3 ★☆ **Wie tritt der Sprecher in dem Gedicht auf und wen spricht er an? Beantworte die Fragen in einem kurzen Text.**

____

____

____

4 ★☆ **Schreibe das Thema auf, von dem das Gedicht handelt.**

Thema: ______________________________________

5 ★☆ **Welchen Eindruck macht die Stadt auf dich? Notiere Stichworte.**

____

6 ★☆ **Finde für jede Strophe eine passende Überschrift.**

1. Strophe: ___________________________________

2. Strophe: ___________________________________

3. Strophe: ___________________________________

7 ★★ **Überlege, was das Sprachbild „Der Jugend Zauber" in Vers 13 zum Ausdruck bringt.**

____

____

Tipp

In vielen Gedichten werden die bekannten Reimfolgen (z. B. Paarreim oder umarmender Reim) abgewandelt oder miteinander kombiniert. Auch das Metrum kann wechseln. Stelle in diesen Fällen fest, ob es ein **Grundmuster** gibt, das regelmäßig durchgehalten wird.

8 ★☆ **Notiere das Reimschema des Gedichts „Die Stadt" von Theodor Storm und bestimme das Metrum.**

1. Strophe: ______________________

2. Strophe: ______________________

3. Strophe: ______________________

Metrum: ______________________

9 ★★ **Beschreibe das Muster, das den Reimen und dem Metrum zugrunde liegt.**

Reime: ______________________

Metrum: ______________________

10 ★★ **Welche dieser Stilmittel verwendet Theodor Storm? Lege eine Tabelle an und ordne die Stilmittel den Strophen zu. Belege deine Angaben mit Textstellen.**

Lautmalerei · Wiederholung · Alliteration · Assonanz · Parallelismus · Metapher · Personifikation · Enjambement

Strophe	Stilmittel	Belege aus dem Gedicht
1. Strophe ...	...	...

Tipp

Wenn du das Gedicht genau untersucht hast, kannst du es interpretieren. Dabei deutest du die Aussagen des Gedichts und fragst danach, was sie zum Ausdruck bringen. Wichtig ist, dass du deine Beobachtungen zu Form und Sprache nun mit deiner Deutung verbindest. Diese Fragen helfen dir dabei:

- Wie wirken die formalen, sprachlichen und stilistischen Besonderheiten?
- Gliedern sie den Gedankengang eines Gedichts auf besondere Weise?
- Beeinflussen sie die Stimmung, die das Gedicht zum Ausdruck bringt?
- Verleihen sie einer Aussage besonderen Nachdruck?

Oft fließt in eine Interpretation auch deine persönliche Sichtweise ein. Stelle aber nicht einfach Behauptungen auf. Du musst deine Deutungen immer am Text belegen.

11 ★☆ **Lies deine Notizen zum Gedicht „Die Stadt" von Theodor Storm noch einmal durch. Schreibe dann mithilfe der folgenden Aufgaben eine Interpretation zu dem Gedicht.**

12 ★☆ **Formuliere einen Einleitungssatz, in dem du das Thema des Gedichts nennst und die wichtigste Aussage (Kernaussage) kurz zusammenfasst. Du kannst den begonnenen Satz fortsetzen.**

In dem Gedicht „Die Stadt", das Theodor Storm 1852 geschrieben hat, wird ______________________

____

____

13 ★★ **Gib den Inhalt jeder Strophe kurz und in eigenen Worten wieder.**

____

____

____

____

____

14 ★★ **Beschreibe mithilfe deiner Notizen die Form des Gedichts in einem zusammenhängenden Text. Gehe dabei auf den Strophenaufbau, auf den Reim und das Metrum ein.**

Das Gedicht umfasst ______________________

____

____

____

____

____

____

15 ★★ **Interpretiere nun das Gedicht „Die Stadt" von Theodor Storm. Gehe dabei strophenweise vor und berücksichtige auch die formale, sprachliche und stilistische Gestaltung des Textes. Schreibe deine Interpretation auf ein extra Blatt.**

16 ★★ **Schreibe einen Schluss zu deiner Interpretation, in dem du ein Fazit ziehst und deine Interpretationsergebnisse kurz zusammenfasst.**

Die besondere Form der Ballade

Tipp

Die **Ballade** ist eine besondere Gedichtform, die nicht allein der Lyrik zugerechnet wird. Sie ist eine **Mischform**, die **Elemente der Lyrik, Epik und des Dramas** vereinigt.

Lyrische Elemente der Ballade:

- Balladen sind in Strophen und Verse gegliedert.
- Reimfolge und Metrum sind oft regelmäßig geordnet.
- Manchmal kommt ein Refrain vor, also eine Versfolge, die am Schluss jeder Strophe wörtlich oder leicht verändert wiederholt wird (vgl. z. B. Goethes „Zauberlehrling“: *Walle! walle / Manche Strecke …*).

17 ★☆ **Lies den Anfang aus Goethes Ballade „Der Zauberlehrling“ und beschreibe die äußere Form der Strophe (Aufbau, Reimfolge, Metrum).**

Hat der alte Hexenmeister
Sich doch einmal wegbegeben!
Und nun sollen seine Geister
Auch nach meinem Willen leben.
Seine Wort' und Werke
Merkt' ich und den Brauch,
Und mit Geistesstärke
Tu' ich Wunder auch.

Walle! walle
Manche Strecke,
Daß zum Zwecke
Wasser fließe,
Und mit reichem, vollem Schwalle
Zu dem Bade sich ergieße!

Aus: J. W. v. Goethe, Der Zauberlehrling

Die Strophe besteht aus ______________________________

____

____

____

Tipp

Epische Elemente der Ballade:
- In Balladen wird eine Geschichte wiedergegeben, die ein Erzähler vermittelt (Erzählerbericht).

Dramatische Elemente der Ballade:
- Die Handlung der Ballade entfaltet einen meist tragischen Konflikt und beschreibt einen Spannungsbogen, der an das klassische Drama erinnert (Exposition, Steigerung, Höhepunkt, retardierendes Moment, Katastrophe; vgl. z. B. Schillers Drama „Wilhelm Tell").
- Die Handlung wird oft durch Dialoge oder andere Formen der Figurenrede vorangetrieben.

18 ★★ **Lies die erste Strophe aus Schillers Ballade „Die Bürgschaft" und gliedere sie in Sinnabschnitte. Fasse jeden Abschnitt in eigenen Worten zusammen.**

Zu Dionys, dem Tyrannen, schlich
Damon, den Dolch im Gewande;
Ihn schlugen die Häscher* in Bande.
„Was wolltest du mit dem Dolche, sprich!"
Entgegnet ihm finster der Wüterich.
„Die Stadt vom Tyrannen befreien!"
„Das sollst du am Kreuze bereuen."

Aus: Friedrich Schiller, Die Bürgschaft
*Häscher: Verfolger, Henkersknechte

1. Abschnitt (Vers ______ bis ______): ________________________________

2. Abschnitt (Vers ______ bis ______): ________________________________

19 ★★ **Welche Verse enthalten epische, welche dramatische Elemente? Gib die Verse an und benenne die Elemente.**

Episches Element (Vers ______ bis ______): ____________________________

Dramatisches Element (Vers ______ bis ______): _________________________

Tipp

Es gibt verschiedene **Balladentypen**.

- **Historische Balladen** greifen geschichtliche Begebenheiten auf und handeln oft von Königen, Rittern oder anderen Helden.
- Geraten Menschen in Konflikt mit übernatürlichen, magischen Mächten spricht man von **numinosen Balladen**. Sie werden noch weiter unterteilt in **naturmagische Balladen**, die den Konflikt zwischen Menschen und Naturkräften zum Thema haben, und **totenmagische Balladen**, die von der Begegnung zwischen Menschen und Toten handeln.

Verbinde jede dieser Balladenstrophen mit einer treffenden Überschrift.

Text A)

O schaurig ist's übers Moor zu gehn,
Wenn es wimmelt vom Heiderauche,
Sich wie Phantome die Dünste drehn
Und die Ranke häkelt am Strauche,
Unter jedem Tritte ein Quellchen springt,
Wenn aus der Spalte es zischt und singt,
O schaurig ist's übers Moor zu gehn,
Wenn das Röhricht knistert im Hauche!

Annette von Droste-Hülshoff (1797–1848)

Text B)

Der Türmer, der schaut zu Mitten der Nacht
Hinab auf die Gräber in Lage;
Der Mond, der hat alles ins Helle gebracht;
Der Kirchhof, er liegt wie am Tage.
Da regt sich ein Grab und ein anderes dann:
Sie kommen hervor, ein Weib da, ein Mann,
In weißen und schleppenden Hemden.

Johann Wolfgang von Goethe (1749–1832)

- Der Taucher
- Der Totentanz
- Der Handschuh
- Die Füße im Feuer
- Der Feuerreiter
- Der Knabe im Moor

Bestimme die Balladentypen, um die es sich bei den Textbeispielen jeweils handelt. Begründe deine Antworten.

Text A) ... ______________________________

Text B) ... ______________________________

Johann Wolfgang von Goethe, Erlkönig

Lies die Ballade „Erlkönig" von Johann Wolfgang von Goethe genau durch. Bearbeite anschließend die Aufgaben.

Erlkönig

Wer reitet so spät durch Nacht und Wind?
Es ist der Vater mit seinem Kind;
Er hat den Knaben wohl in dem Arm,
Er faßt ihn sicher, er hält ihn warm. –

Mein Sohn, was birgst du so bang dein Gesicht? –
Siehst, Vater, du den Erlkönig nicht?
Den Erlenkönig mit Kron' und Schweif? –
Mein Sohn, es ist ein Nebelstreif. –

„Du liebes Kind, komm, geh mit mir!
Gar schöne Spiele spiel' ich mit dir;
Manch' bunte Blumen sind an dem Strand;
Meine Mutter hat manch' gülden Gewand." –

Mein Vater, mein Vater, und hörest du nicht,
Was Erlenkönig mir leise verspricht?" –
Sei ruhig, bleibe ruhig, mein Kind!
In dürren Blättern säuselt der Wind. –

„Willst, feiner Knabe, du mit mir gehn?
Meine Töchter sollen dich warten schön;
Meine Töchter führen den nächtlichen Reihn
Und wiegen und tanzen und singen dich ein."

Mein Vater, mein Vater, und siehst du nicht dort
Erlkönigs Töchter am düstern Ort? –
Mein Sohn, mein Sohn, ich seh' es genau;
Es scheinen die alten Weiden so grau. –

„Ich liebe dich, mich reizt deine schöne Gestalt;
Und bist du nicht willig, so brauch' ich Gewalt." –
Mein Vater, mein Vater, jetzt faßt er mich an!
Erlkönig hat mir ein Leids getan! –

Dem Vater grauset 's, er reitet geschwind,
Er hält in Armen das ächzende Kind,
Erreicht den Hof mit Müh und Not;
In seinen Armen das Kind war tot.

Johann Wolfgang von Goethe (1749–1832)

Worterläuterungen:
Vers 3: wohl = hier sinngemäß: er schützt, behütet den Jungen
Vers 5: was birgst du = was versteckst du
Vers 7: Schweif = hier: langes Gewand
Vers 8: Nebelstreif = Nebelschwade, Nebelwolke
Vers 18: warten = versorgen, verwöhnen
Vers 28: ein Leids tun = Schmerzen zufügen, verletzen

Welche Aussagen geben den folgenden Text richtig wieder? Kreuze die zutreffenden Aussagen an.

Johann Wolfgang von Goethe schrieb seine Ballade „Erlkönig“ im Jahr 1782. Sie hat die magische Macht der Natur zum Thema: Der Erlkönig – die Bezeichnung verweist auf den Erlenbaum – gehört zu den Naturgeistern, die vor allem in Wäldern und Bäumen leben und die Menschen in das Reich der Toten hinüberziehen wollen. Goethes Ballade ist eine der bekanntesten deutschen Balladen und oft vertont worden, u. a von Franz Schubert (1815) und Carl Loewe (1818). Es gibt auch verschiedene Rap-Versionen.

- ☐ Goethe hat seine Ballade 1882 verfasst.
- ☐ Der Name „Erlkönig“ hängt mit dem Erlenbaum zusammen.
- ☐ Der Erlkönig ist ein Naturgeist, der die Menschen ins Totenreich locken will.
- ☐ Goethes Ballade ist ein Naturgedicht und handelt von Wäldern und Bäumen.
- ☐ Goethes Ballade handelt von der magischen Macht der Natur.

24 ★☆ **Welche Figuren treten in Goethes Ballade auf?**

____

____

____

____

25 ★☆ **Schreibe auf, wer in den Strophen jeweils spricht. Du kannst deine Angaben auch neben den Balladentext auf S. 46 und 47 schreiben.**

Erste Strophe: …

Zweite Strophe: …

…

26 ★★ **Gliedere die Ballade in drei Abschnitte und begründe deine Einteilung stichwortartig.**

Abschnitt	Strophe	Begründung
Einleitung		
Hauptteil		
Schluss		

27 ★★ **Fasse den Inhalt jeder Strophe in eigenen Worten zusammen. Schreibe deinen Text auf ein extra Blatt.**

Erste Strophe: ...

28 ★☆ **Notiere Wörter, die das Verhalten des Sohnes und des Vaters beschreiben.**

Sohn: ______________________________

Vater: ______________________________

29 ★☆ **Warum gehört Goethes „Erlkönig" zu den sogenannten naturmagischen Balladen?**

____

____

30 ★☆ **Welche lyrischen, epischen und dramatischen Elemente enthält Goethes Ballade? Lege eine Tabelle an und notiere Stichpunkte.**

Lyrische Elemente	Epische Elemente	Dramatische Elemente

31 ★★ **Erläutere in einem zusammenhängenden Text, warum es sich bei Goethes „Erlkönig“ um eine Ballade handelt. Du kannst dabei auf deine Notizen zu den Aufgaben 29 und 30 zurückgreifen.**

____

____

____

____

____

32 ★☆ **Lies den Balladentext noch einmal durch. Achte jetzt besonders auf die lyrische Form (Strophenaufbau, Reim, Metrum) und die Stilmittel, die Goethe verwendet. Bearbeite anschließend die Aufgaben.**

33 ★☆ **Vervollständige die Angaben.**

Anzahl der Strophen: ______________________________

Anzahl der Verse je Strophe: ______________________________

Reimfolge und Reimschema: ______________________________

34 ★☆ **Das Metrum der Ballade ist unregelmäßig. Welche beiden Metren kommen besonders oft vor? Schreibe ihre Bezeichnungen auf.**

______________________ ______________________

Welche dieser Stilmittel verwendet Goethe? Ordne sie in der Tabelle den Strophen zu und belege deine Angaben mit Textstellen.

Wiederholung | Lautmalerei | Alliteration | Anapher | Parallelismus | Reihung | Symbol

Strophe	Stilmittel	Belege aus der Ballade
1. Strophe		
2. Strophe		
3. Strophe		
4. Strophe		
5. Strophe		
6. Strophe		
7. Strophe		
8. Strophe		

36 ★☆ **Lies deine Notizen zum „Erlkönig" noch einmal durch und schreibe mithilfe der folgenden Aufgaben eine Interpretation zu Goethes Ballade.**

37 ★☆ **Fasse in einem Einleitungssatz kurz zusammenfasst, worum es in der Ballade geht. Du kannst die begonnene Einleitung fortsetzen.**

Johann Wolfgang von Goethes Ballade „Erlkönig", die 1782 veröffentlicht worden ist, handelt von

____

____

____

38 ★☆ **Beschreibe die äußere Form der Ballade, indem du den Lückentext ergänzt.**

Die Ballade besteht aus ____________ Strophen. Jede Strophe umfasst ____________ Verse, die mit ____________ schließen (aabb, ccdd …). Das Metrum ist unregelmäßig. Viele Verse sind im ____________ und ____________ geschrieben.

39 ★★ **Schreibe eine Interpretation zu Goethes Ballade „Erlkönig" und halte dich dabei an die Reihenfolge der Strophen. Gehe bei deiner Deutung auch auf die Form und die Stilmittel ein.**

40 ★★ **Schreibe einen Schluss, in dem du ein Fazit ziehst und deine Interpretationsergebnisse kurz zusammenfasst.**

1 Den Inhalt eines Gedichts verstehen

1 ☒ Freundschaft

2 *Lösungsvorschläge:*
Thema: Gewitter, Unwetter; auch möglich: Natur, Naturgewalten

4 *Lösungsvorschläge:*
Erwachen der Natur: Die linden Lüfte sind erwacht – Das Blühen will nicht enden – Es blüht das fernste, tiefste Tal
Neubeginn, Wandel: O frischer Duft, o neuer Klang – Nun muß sich alles, alles wenden
Lebensfreude: Die Welt wird schöner mit jedem Tag
Hoffnung auf bessere Zeit: Nun, armes Herze, sei nicht bang – Nun muß sich alles, alles wenden
Vergessen des früheren Leids: Nun, armes Herze, vergiß die Qual – Nun muß sich alles, alles wenden

2 Form und Sprache

1
1 Du musst verstehn!
6 Verlier die Vier!
11 Und Neun ist Eins,
7 Aus Fünf und Sechs,
5 So bist du reich.
12 Und Zehn ist keins,
9 Mach Sieben und Acht,
8 So sagt die Hex',
2 Aus Eins mach Zehn,
10 So ist's vollbracht:
4 Und Drei mach gleich,
3 Und Zwei lass gehn,
13 Das ist das Hexen-Einmaleins!

2
Du musst verstehn!
Aus Eins mach Zehn,
Und Zwei lass gehn,
Und Drei mach gleich,
So bist du reich.
Verlier die Vier!
Aus Fünf und Sechs,
So sagt die Hex',
Mach Sieben und Acht,
So ist's vollbracht:
Und Neun ist Eins,
Und Zehn ist keins,
Das ist das Hexen-Einmaleins!

3 *Lösungsvorschläge:*
1. Strophe: Zwei Männer unternehmen eine Wandertour in die Alpen.
2. Strophe: Nach ihrer Rückkehr werden sie zu Hause nach ihren Eindrücken gefragt.
3. Strophe: Der eine erzählt, dass ihn die Natur gelangweilt habe.
4. Strophe: Der andere – gerade umgekehrt – schwärmt von der Natur.

4 a) ☒

5
Nun will der Lenz uns grüßen,
von Mittag weht es lau;
aus allen Wiesen sprießen ↩
die Blumen rot und blau.

6
Die Bäume blühn,
Die Vöglein singen,
Die Wiesen bringen ↩
Ihr erstes Grün.

Gekommen ist der Maie,
Die Blumen und Bäume blühn,
Und durch die Himmelsbläue ↩
Die rosigen Wolken ziehn.

7 *Lösungsvorschläge:*
Thema: Frühling; Frühlingsanfang

8 *Lösungsvorschläge:*
- Aufbruchsstimmung (Frühlingsanfang)
- Vorfreude auf den Frühling
- Vorfreude auf den Neuanfang (vgl. „wieder", Vers 2)
- Unruhe, Ungeduld (vgl. die Aufforderungen / Imperative gleich zu Beginn in Vers 1: „Komm", „mache"; später „laß", Vers 3)

9
Komm, lieber Mai, und mache ↩
die Bäume wieder grün,
und laß mir an dem Bache ↩
die kleinen Veilchen blüh'n!

Wirkung der Enjambements (Lösungsvorschlag):
Die Enjambements wirken wegen der fehlenden Pausen vorwärtsdrängend und dynamisch. Sie unterstützen darum die Stimmung der Vorfreude und Ungeduld, die in der Strophe zum Ausdruck kommt (vgl. die Imperative „Komm", „mache" in Vers 1; „laß", Vers 3).
Auffällig ist auch: Die Pause nach dem zweiten Vers bildet einen Kontrast vor allem zum folgenden Enjambement und verstärkt so dessen vorwärtsdrängenden Charakter und die Stimmung der Ungeduld noch.

10 1. Abschnitt: Vers **1** bis **2**; 2. Abschnitt: Vers **3** bis **4**
Begründung: In Vers 2 ist von Bäumen und deren Grün die Rede. Mit Vers 3 ändert sich die Blickrichtung: Die Aufmerksamkeit der Leserinnen und Leser wird nun auf die Veilchen am Bach gelenkt.

Lösungen

11 *Lösungsvorschlag:*
Die fließende Bewegung der Enjambements wird nach dem zweiten Vers durch eine Pause unterbrochen, die die Strophe formal in zwei Teile gliedert (1. Teil: Vers 1 und 2; 2. Teil: Vers 3 und 4). Die Gestaltung der Versgrenzen entspricht so dem inhaltlichen Aufbau, der gleichfalls zweigeteilt ist: Der zweite Vers handelt von den Bäumen und deren Grün. Mit Vers 3 beginnt ein neuer Sinnabschnitt, in dem der Blick der Leserinnen und Leser auf die Veilchen am Bach gelenkt wird.

12 *Lösungsvorschläge:*
spríngen: singen, klingen, bringen, verschlingen, gingen (von: *gehen*)
entláng: Gesang, Klang, Gang, Hang, Spaziergang, sprang (von: *springen*)
vergében: Leben, weben, kleben, daneben, eben, geben

13 Sie saßen und tranken am **Teetisch**,
Und sprachen von Liebe **viel**.
Die Herren die waren **ästhetisch**
Die Damen von zartem **Gefühl**.

14 Unreiner Reim: v*ie*l – Gef*ü*hl

15 War einmal ein **Bumerang**;
War ein weniges zu **lang**.
Bumerang flog ein **Stück**,
Aber kam nicht mehr **zurück**.
Publikum – noch **stundenlang** –
Wartete auf **Bumerang**.

16 Reimschema: aabbaa

17 Reimschema: abab cdcd; Reimfolge: Kreuzreim

18 Seit du von mir gefahren, a
Singt stets die Nachtigall, b
Ich denk' bei ihrem Schall, b
Wie wir zusammen waren. a
Reimfolge: umarmender (umschließender) Reim

19 Reimschema: aabccb; Reimfolge: Schweifreim

20 *Lösungsvorschlag:*
Überschrift: Mondnacht

21 1. Abschnitt: (Vers **1** bis **3**): Himmel (Mond, Sterne)
2. Abschnitt (Vers **4** bis **6**): Erde (Natur: Wald, Wiesen, Nebel)

22 *Lösungsvorschlag:*
Der Schweifreim gliedert die Strophe formal in zwei parallel aufgebaute Teile (aab – ccb) und entspricht damit der inhaltlichen Zweiteilung der Strophe: Der erste Sinnabschnitt handelt vom Himmel, dem Mond und den Sternen (aab). Im zweiten Abschnitt rückt die Erde mit ihrer Natur in den Blick (ccb).
Die Unterteilung in zwei Sinnabschnitte wird durch die Verse 3 und 6 allerdings abgeschwächt. Die Verse reimen sich und ihr Gleichklang stellt einen formalen und zugleich inhaltlichen Zusammenhang zwischen den Abschnitten her: Die gleichklingenden Verse erwecken den Eindruck, als näherten Himmel (1. Abschnitt) und Erde (2. Abschnitt) einander an – eine Annäherung, die im Text auch durch das Bild des aufsteigenden Nebels (Vers 5 und 6) angedeutet wird.

23 Der Mond ist aufgegangen
Die goldnen Sternlein prangen
Am Himmel hell und klar;
Der Wald steht schwarz und schweiget,
Und aus den Wiesen steiget
Der weiße Nebel wunderbar.

Wirkung der Enjambements (Lösungsvorschlag):
Die Enjambements stehen jeweils am Ende der Sinnabschnitte. Diese Parallelität stellt – ähnlich wie der Schweifreim – die inhaltliche Zweiteilung der Strophe heraus.
Vor allem das zweite Enjambement (Vers 5, 6) hat noch eine weitere Funktion: Seine fließende Bewegung wirkt dynamisch und betont so die aufsteigende Bewegung des Nebels auch formal.

24 Schema b) ist richtig. Metrum: Trochäus

25 a) Jambus; b) Trochäus; c) Jambus; d) Jambus

26

a)	b)	c)
☐ xxXxxXxxXxx	☐ XxxXxx	☐ Daktylus
☐ Anapäst	☒ xxXxxX	☒ Anapäst
☒ Daktylus	☒ Anapäst	☐ XxxXxxXxxXx
☒ XxxXxxXxxXx	☐ Daktylus	☒ xxXxxXxxXxx

27 a) Schema: XxXxXxXx
Metrum: vierhebiger Trochäus
b) Schema: xXxXxXxXxX
Metrum: fünfhebiger Jambus

28 XxXxXxX
XxXxXx
XxXxXxX
XxXxXx

29 *Die Beschreibung muss richtig lauten:*
Die Strophe besteht aus vier Versen. Bei dem Metrum handelt es sich um einen abwechselnd **vier-** und **dreihebigen Trochäus**.

30 XxXx
XxXx
XxXx
XxXx
XxXxXxXx
XxXxXxXx
Metrum: Trochäus

Lösungsvorschlag für den Text:
Die Verse sind im Trochäus geschrieben. Die Verse 1 bis 4 stehen im zweihebigen, Vers 5 und 6 im vierhebigen Trochäus.

31

Metrum	Reim	Kadenz
XxXxXxX	a	m
XxXxXxXx	b	w
XxXxXxXx	b	w
XxXxXxX	a	m

32 Die Strophe besteht aus vier Versen und ist in einem **vier**hebigen **Trochäus** verfasst. Es liegt ein **umarmender Reim** vor (abba). Alle Verse beginnen **ohne** Auftakt, also mit einer **betonten** Silbe. Vers 1 und 4 enden mit einer **männlichen** (stumpfen), Vers 2 und 3 mit einer **weiblichen** (klingenden) Kadenz. Die Reihenfolge der Kadenzen entspricht dem Reimschema: Die beiden a-Reime enden männlich, die b-Reime weiblich.

34 *Lösungsvorschlag:*
Das Gedicht handelt von dem Kummer des lyrischen Ichs, das von seiner Geliebten verlassen worden ist.

35 1. Abschnitt, 1. + 2. Strophe: Der Leser erfährt, dass das lyrische Ich von seiner Geliebten verlassen worden ist.
2. Abschnitt, 3. + 4. Strophe: Das lyrische Ich möchte fliehen, um seinen Liebeskummer zu vergessen. Es stellt sich vor, als Sänger auf Reisen zu gehen oder als Reiter in den Krieg zu ziehen.
3. Abschnitt, 5. Strophe: Das lyrische Ich erwacht aus seinen Träumen und will, vom Kummer überwältigt, sterben.

36 *Lösungsvorschlag:*
Das Gedicht umfasst fünf Strophen mit je vier Versen und ist im Kreuzreim verfasst (abab ...). Es liegt ein dreihebiger Jambus vor, die Kadenzen sind abwechselnd weiblich und männlich. Ihr Wechsel entspricht dem Kreuzreim.

37 *Enjambements in der dritten und vierten Strophe:*
Ich möcht als Spielmann reisen ⤵
Weit in die Welt hinaus,
Und singen meine Weisen
Und gehn von Haus zu Haus.

Ich möchte als Reiter fliegen ⤵
Wohl in die blutge Schlacht
Um stille Feuer liegen ⤵
Im Feld bei dunkler Nacht.

38 *Lösungsvorschlag:*
Während das lyrische Ich in den ersten beiden Strophen und später auch in der fünften Strophe über seine Wirklichkeit spricht, beschreibt es in der dritten und vierten Strophe seine Träume und Wünsche. Es möchte vor seinem Liebeskummer davonlaufen und malt sich aus, als Sänger weit in die Welt hinaus zu reisen oder als Reiter in den Krieg zu ziehen. (vgl. V. 9 ff.). Die Fluchtfantasien des lyrischen Ichs, auch die Wörter „reisen" (V. 9), „hinaus" (V. 10) und vor allem „fliegen" (V. 13) legen es nahe, diese Strophen in einem drängenderen und schnelleren Sprechtempo vorzutragen als die anderen Strophen. Darauf weisen auch die Enjambements und der Wegfall der Sprechpausen hin.
Der Rhythmus des Gedichts ist also nicht einheitlich, auch wenn der regelmäßige Aufbau aller Strophen (Reimfolge, Metrum, Kadenzen) auf den ersten Blick darauf schließen lässt. Der gleichmäßig ruhige Rhythmus der ersten, zweiten und fünften Strophe wird durch die vorwärtsdrängendere Bewegung der dritten und vierten Strophe unterbrochen.

39 <u>Ich</u> ging im Walde
So für <u>mich</u> hin,
Und nichts zu suchen,
Das war <u>mein</u> Sinn.

Im Schatten sah <u>ich</u>
Ein Blümchen stehn,
Wie Sterne leuchtend,
Wie Äuglein schön.

<u>Ich</u> wollt es brechen,
Da sagt' es fein:
Soll ich zum Welken
Gebrochen sein?

<u>Ich</u> grubs mit allen
Den Würzlein aus.
Zum Garten trug <u>ichs</u>
Am hübschen Haus.

Und pflanzt es wieder
Am stillen Ort;
Nun zweigt es immer
Und blüht so fort.

40 *Lösungsvorschlag:*
Während eines Waldspaziergangs entdeckt das lyrische Ich eine besonders schöne Blume.
Es möchte sie gleich pflücken, zögert aber, als die Blume zu sprechen beginnt und sagt, dass sie dann verdorren müsse.
Das lyrische Ich hört auf die Worte der Blume und lässt sich umstimmen. Statt die Blume zu pflücken, gräbt es sie nun mit allen Wurzeln aus, um sie anschließend im Garten wieder einzupflanzen und so am Leben zu erhalten.

41 Guter Rat
An einem Sommermorgen
Da *nimm* den Wanderstab,
Es fallen **deine** Sorgen
Wie Nebel von **dir** ab.

Des Himmels heitere Bläue
Lacht **dir** ins Herz hinein,
Und schließt, wie Gottes Treue,
Mit seinem Dach **dich** ein.

Rings Blüten nur und Triebe
Und Halme von Segen schwer,
Dir ist, als zöge die Liebe
Des Weges nebenher.
[...]

42 *Lösungsvorschlag:*
Das lyrische Ich rät dem lyrischen Du beziehungsweise dem Leser, an einem Sommermorgen eine Wanderung in der Natur zu unternehmen. Der Leser könne dabei seine Sorgen vergessen und sich erholen.

43 *Lösungsvorschlag:*
Das lyrische Ich will den Leser überreden, den Sommermorgen in der Natur zu genießen. Entsprechend vermittelt es eine lebenslustige Stimmung und gute Laune.

44 Das verlassene Mägdlein

45 Treuloser Knabe

46 *Lösungsvorschlag:*
Ein Mensch kümmert sich unermüdlich um seinen Rosenstrauch, der aber schließlich eingeht.

47 Kommentar des Sprechers: Vers **9** bis **10**

48 *Lösungsvorschlag:*
Der Sprecher formuliert eine „Moral" (V. 9), er zieht also eine Lehre aus dem Verhalten des Menschen, das er zuvor beschreibt: Es wäre besser gewesen, der Mensch hätte den Rosenstrauch sich selbst überlassen, er wäre dann nicht eingegangen. Der Sprecher verallgemeinert diese Lehre, das zeigt das unpersönliche Pronomen „man" (V. 10), und legt dem Leser nahe, sie auf andere Lebensbereiche zu übertragen.

49 *Lösungsvorschläge:*
2. Strophe: Der Sprecher gibt sich als lyrisches Ich zu erkennen.
3. Strophe: Das lyrische Ich wendet sich an den Menschen und damit auch an den Leser (lyrisches Du).

50 *Lösungsvorschläge:*
In der ersten Strophe gibt der Sprecher die Ansichten der Menschen und eine allgemein geltende Anweisung wieder, die besagt, dass Möwen totzuschießen seien.
In der zweiten Strophe wechselt die Perspektive: Der Sprecher gibt sich als lyrisches Ich zu erkennen und widerspricht den Menschen. Das lyrische Ich will nicht, dass die Möwen abgeschossen werden, im Gegenteil, es möchte, dass sie leben, und füttert sie darum.
In der dritten Strophe wendet sich das lyrische Ich direkt an die Menschen. Es erklärt ihnen, dass sie niemals so würden fliegen können, wie die Möwen, und dass sie froh sein sollen, wenn sie den Möwen wenigstens ähneln.

51 *Lösungsvorschlag:*
Die Menschen achten die Möwen nicht als gleichberechtigte Lebewesen, sondern fühlen sich ihnen überlegen. Sie schießen sie ab, als seien sie wertlose Gegenstände.

52 Lösungsvorschlag:
Das lyrische Ich respektiert die Möwen als ebenbürtige Lebewesen: Es füttert sie in der zweiten Strophe, damit sie am Leben bleiben. In der dritten Strophe weist es darauf hin, dass die Möwen den Menschen sogar etwas voraushaben, ihre Fähigkeit zu fliegen nämlich. Das lyrische Ich widerlegt damit die Annahme der Menschen, den Möwen überlegen zu sein und über sie herrschen zu können. Im Gegenteil, die Menschen müssen froh sein, wenn sie den Möwen wenigsten gleichen.

53 Lösungsvorschlag:
Der Name Emma verleiht den Möwen menschliche Züge. Er unterstreicht so die Aussage des Gedichts, dass die Möwen und in einem weiteren Sinne die Tiere als gleichberechtigte Lebewesen angesehen werden sollten, die geachtet und respektiert werden müssen.

54 *Lösungsvorschläge:*
Jugend, Anfang, Wünsche, Hoffnungen, Fantasie, schön, ideal, unwirklich, unrealistisch ...

Das Sprachbild hat Goethe in seiner Hymne „Prometheus" erfunden. Von diesem berühmten Gedicht gibt es zwei Fassungen: In der ersten Fassung, die 1785 veröffentlich worden ist, kommt die ausführliche Formulierung „Knabenmorgenblütenträume" vor. In einer späteren Fassung aus dem Jahr 1789 hat Goethe das Sprachbild verkürzt und in „Blütenträume" geändert.
Der bildliche Ausdruck „Blütenträume" ist in den allgemeinen Wortschatz eingegangen und steht für unerfüllte Hoffnungen und Wünsche. Man kann auch sagen: Nicht alles, was man anstrebt und sich wünscht, kann verwirklicht werden.

55 Wie Sterne leuchtend; Wie Äuglein schön

56 Blume: **leuchtend** (wie Sterne); **schön** (wie Augen)

57 *Lösungsvorschläge:*
Fels in der Brandung: Fels (= harter Stein) übersteht jeden Sturm, kann nicht umgestoßen werden, standfest, unverrückbar …

58 *Lösungsvorschlag:*
Der Vergleich bringt zum Ausdruck, dass die Freundschaft alle Angriffe und Krisen übersteht und nicht erschüttert werden kann.

60 *Lösungsvorschlag:*
In dem Gedicht wird das Landleben dem Leben in der Großstadt gegenübergestellt. Der Sprecher schildert, dass die Menschen den Großstadtalltag als bedrückend empfinden, mit dem Landleben dagegen die Vorstellung von einem ruhigen und unbelasteten Dasein verbinden.

61 *Lösungsvorschlag:*
Der Sprecher des Gedichts zeichnet in diesem Vers ein negatives Bild von der Großstadt.
Die Metapher des „Pflastertreten [s]" veranschaulicht die Anstrengungen, die mit dem Großstadtleben verbunden sind und unter denen die Menschen leiden. Ihre „Seele" wird „krumm" davon, heißt es. Das Bild erweckt den Eindruck einer beschädigten Seele, eines Menschen, der niedergedrückt und unglücklich ist.

62 Die Wälder schweigen
Die Jahreszeiten wandern durch die Wälder.
Man sieht es nicht. Man liest es nur im Blatt.
Die Jahreszeiten strolchen durch die Felder.
Man zählt die Tage. Und man zählt die Gelder.
Man sehnt sich fort aus dem Geschrei der Stadt.

Das Dächermeer schlägt ziegelrote Wellen.
Die Luft ist dick und wie aus grauem Tuch.
Man träumt von Äckern und von Pferdeställen.
Man träumt von grünen Teichen und Forellen.
Und möchte in die Stille zu Besuch.

Die Seele wird vom Pflastertreten krumm.
Mit Bäumen kann man wie mit Brüdern reden
und tauscht bei ihnen seine Seele um.
Die Wälder schweigen. Doch sie sind nicht stumm.
Und wer auch kommen mag, sie trösten jeden.

Man flieht aus den Büros und den Fabriken.
Wohin, ist gleich! Die Erde ist ja rund!
Dort, wo die Gräser wie Bekannte nicken
und wo die Spinnen seidne Strümpfe stricken,
wird man gesund.

63 *Lösungsvorschläge:*
- Die Personifikationen vermitteln das Bild einer lebendigen Natur.
- Die Natur ist dem Menschen ebenbürtig und wird als Bekannter und Bruder angesehen (vgl. V. 12, 18).
- Die personifizierte Natur wirkt vertraut und familiär, sie kann die Menschen sogar trösten (vgl. V. 15).

64 *Lösungsvorschlag:*
Der Vers verbindet mehrere Sprachbilder miteinander, die das Leben in der Großstadt veranschaulichen.
Die Metapher des Dächermeer[es]", das „Wellen schlägt", deutet an, dass die Menschen die Stadt wie ein Naturelement erleben, dem sie hilflos unterlegen sind. Die Personifikation, die mit der Metapher verbunden ist, verstärkt diese Vorstellung noch. Eigenmächtig scheint das „Dächermeer" über die Menschen zu herrschen, und fast entsteht der Eindruck, als könnten sie von den Wellen verschlungen werden.
Die bedrohliche Atmosphäre der Großstadt, die diese Sprachbilder zum Ausdruck bringen, wird durch die Metapher der „ziegelrote[n] Wellen" zusätzlich untermalt. Die Farbe Rot signalisiert üblicherweise eine Gefahr und verleiht den Bildern noch einen besonderen Nachdruck.
Die Sprachbilder zeigen anschaulich, dass die Menschen vom Leben in der Großstadt ganz vereinnahmt werden und in der Gefahr sind, daran zugrunde zu gehen. Sie träumen deshalb von einem friedvollen Leben auf dem Land.

65 Vergleiche: „wie aus grauem Tuch" (V. 7); „wie mit Brüdern" (V. 12); „wie Bekannte (V. 18)

66 Unterstrichenes Symbol: Ring, Ringlein

Erläuterung (Lösungsvorschlag):
Der Ring ist in dieser Gedichtstrophe ein Symbol für die Treue, Verbundenheit und Liebe. Der zerbrochene Ring symbolisiert den Treuebruch der Geliebten und die Trennung von ihr.

67 *Lösungsvorschlag:*
Das lyrische Ich sagt, dass die Linde der Baum der Verliebten und ein Symbol der Liebe sei, weil seine Blattform mit einem Herzen, dem Sinnbild der Liebe, verglichen werden könne. Es erklärt also die Symbolik des Lindenbaums mit einem weiteren Symbol.

68 Wortneuschöpfung (Neologismus): herbstkräftig.
Das Adjektiv hat Eduard Mörike (1804–1875) in seinem Gedicht „Septembermorgen" gebildet.

69 Der Imperativ „Komm" (V. 1), auch die weiteren Aufforderungen („mache", V. 1; „laß", V. 3) unterstreichen die Ungeduld, mit der das lyrische Ich den Frühling erwartet.
Ebenso macht der Ausruf „Ach" (V. 7) deutlich, wie sehr sich das lyrische Ich nach dem Frühling sehnt.

Beide Wörter stehen jeweils am Versanfang und werden auf diese Weise besonders herausgestellt.

70 a)
☒ Alliteration (Wirt, wundermild)
☒ Assonanz (Da, war; Apfel, Gaste, Aste; An, langen)
b)
☒ Anapher (O Mutter, O Mutter)
☒ Wiederholung (Was ist, Was ist, ist, Bei ihm, Bei ihm, Seligkeit, Seligkeit, Hölle, Hölle)
Durch die Wiederholungen ergeben sich auch Alliterationen (Bei, bei).
(Die Wiederholung der Reimwörter „Seligkeit" und „Hölle" bezeichnet man auch als identischen Reim.)
c)
☒ Alliteration (Bäume, blühn)
☒ Anapher (Die, Die)
d)
☒ Wiederholung (Stäbe, Stäbe, Stäben, tausend, tausend, tausend Stäbe, tausend Stäben)
☒ Assonanz (er, mehr).
(Bei den gleichklingenden Wörtern „Stäbe" und „gäbe" in Vers 3 spricht man auch von einem Binnenreim.)

71 *Markiert sein müssen:*
a) säuselt; b) rattert, brummt; c) verknackst; d) brausenden; e) dröhnende; f) rauscht; g) quietschen; h) wimmerte; i) zischt, saust; j) piepsen, zwitschern; k) knistert

72 *Unterstrichen sein müssen:*
Singen, Musiziern,
Pfeifen, Zwitschern, Tireliern!
Sang und Schalle

73 Und es wallet und siedet und brauset und zischt
Schema des vierhebigen Anapäst: xxXxxXxxXxxX

74 Chiasmus, Antithese

75 Chiasmus: Vers 1; Parallelismus: Vers 2 und 3

76 Antithesen: Die Mutter schläft, die Tochter wacht
Wiederholungen: still, still; die … die; sie deckt … sie deckt
Alliterationen, die sich aufgrund der Wiederholungen ergeben: still, still; Die, die; Sie sie; deckt, deckt

77 **Mörike, Verborgenheit (1. Strophe)**
- Alliteration: Locket … Liebesgaben
- Wiederholungen: Laß … laß … Laßt; o … o, Seine … seine
- Alliterationen, die sich durch die Wiederholungen ergeben: Laß … laß
- Parallelismus und Antithese: Seine Wonne, seine Pein! (Der Parallelismus verstärkt die Antithese.)

Uhland, Frühlingsglaube (1. Strophe)
- Alliterationen: linden Lüfte, Sie säuseln, Nun … nicht
- Assonanz: Tag und Nacht, allen Enden
- Lautmalerei: säuseln
- Wiederholungen: O … o, alles, alles
- Anapher: Nun, Nun
- Reihungen: Sie säuseln und weben Tag und Nacht
- Antithese: Tag und Nacht
- Parallelismus: O frischer Duft, o neuer Klang

3 Gedichte untersuchen und interpretieren

3 *Lösungsvorschlag:*
In der ersten und zweiten Strophe tritt der Sprecher nicht ausdrücklich in Erscheinung. Er beschreibt eine am Meer gelegene Stadt als anonymer, verdeckter Sprecher. Erst in der dritten Strophe gibt er sich als lyrisches Ich zu erkennen und spricht die Stadt als lyrisches Du an.

4 *Lösungsvorschlag:*
Eine Stadt am Meer

5 *Lösungsvorschläge:*
grau und dunkel, nebelig, traurig, triste, bedrückend, beklemmend, trostlos, langweilig, monoton, verlassen, wie ausgestorben, das Leben steht still

6 *Lösungsvorschläge:*
1. Strophe: Die trostlose Stadt
2. Strophe: Die ausgestorbene Stadt
3. Strophe: Die Liebe zur Stadt

7 *Lösungsvorschlag:*
Das lyrische Ich begründet in Vers 13 und 14 seine Liebe zu der Stadt. Dabei spielt es mit dem Bild „Der Jugend Zauber" wohl darauf an, dass es in der Stadt aufgewachsen ist und Jugenderinnerungen mit ihr verbindet, die ihr einen besonderen Glanz verleihen.

8 1. Strophe: abaab; 2. Strophe: cdccd
3. Strophe: eaeea
Metrum: drei- und vierhebiger Jambus mit männlicher Kadenz

9 *Lösungsvorschlag:*
Reime: Die Reimfolge ist regelmäßig und eine abgewandelte Form des umarmenden Reims (abaab, cdccd, eaeea).
Metrum: Die Verse wechseln regelmäßig zwischen drei- und vierhebigen Jamben. Verse mit umarmendem Reim sind dreihebig, alle anderen vierhebig.

10 **1. Strophe**
- Wiederholung und Parallelismus: Am grauen Strand, am grauen Meer, V. 1
- Personifikation und Metapher: Der Nebel drückt die
- Dächer schwer, V. 3
- Alliteration: drückt die Dächer, V. 3
- Lautmalerei: braust, V. 4
- Wiederholung: Meer, V. 1, 4
- Enjambements: V. 1, 2; 4, 5

2. Strophe
- Wiederholung und Parallelismus: Es rauscht kein Wald, es schlägt im Mai / Kein Vogel, V. 6, 7
- Enjambements: V, 6, 7; 8, 9

3. Strophe
- Wiederholungen: (an dir, V. 11; auf dir, auf dir, V. 14, Du graue Stadt am Meer, V. 12 und 15, für und für, V. 13)
- Personifikation: an dir, / Du graue Stadt, V. 11, 12
- Metapher: Der Jugend Zauber, V. 13
- Assonanzen: graue – Zauber, V. 12, 13, 15; Du – Jugend – und – ruht, V. 12, 13, 15; für und für, V. 13
- Enjambement: V. 13, 14

12 Lösungsvorschlag:
In dem Gedicht „Die Stadt", das Theodor Storm 1852 geschrieben hat, wird eine Stadt beschrieben, der sich das lyrische Ich trotz ihrer bedrückenden und trostlosen Atmosphäre sehr verbunden fühlt.

13 *Lösungsvorschlag:*
In der ersten Strophe beschreibt der Sprecher eine am Meer gelegene Stadt, deren Landschaft einen bedrückenden und trostlosen Eindruck erweckt.
Er setzt seine Beschreibung in der zweiten Strophe fort und schildert, dass in der Stadt kein Leben zu herrschen scheint. Im Frühjahr singen die Vögel nicht, im Herbst fliegen die Zugvögel an ihr vorbei.
In der dritten Strophe äußert sich der Sprecher als lyrisches Ich und sagt, dass ihm die Stadt trotz ihrer Freudlosigkeit sehr viel bedeutet, weil er seine Jugend dort verbracht hat.

14 Lösungsvorschlag:
Das Gedicht umfasst drei Strophen mit je fünf Versen. Die Reimfolge ist regelmäßig und eine abgewandelte Form des umarmenden Reims (abaab, cdccd, eaeea). Auffällig ist, dass eines der Reimwörter aus der ersten Strophe („Meer", V. 1 und 4) in der dritten Strophe wiederholt wird (V. 12 und 15). Das Gedicht ist im Jambus verfasst, wobei sich drei- und vierhebige Verse der Reimfolge entsprechend abwechseln: Verse mit umarmendem Reim sind dreihebig, alle anderen vierhebig. Alle Verse enden mit einer männlichen Kadenz.

15 *Lösungsvorschlag:*
Zu Beginn der ersten Strophe wird geschildert, dass die Stadt am Meer liegt und von einer einsamen und trostlosen Landschaft umgeben ist. Gleich im ersten Vers wird die Umgebung der Stadt mit der Farbe Grau in Verbindung gebracht („am grauen Strand, am grauen Meer", V. 1). So entsteht der Eindruck einer düsteren und trübseligen Stimmung. Dieser Eindruck wird durch die Wiederholung des Farbadjektivs „grau" noch verstärkt.
In den folgenden Versen wird die Beschreibung der Stadt fortgesetzt und zunächst durch die Metapher „Der Nebel drückt die Dächer schwer" (V. 3) weiter ausgeführt. Das Bild der nebelverhangenen Dächer erweckt abermals die Vorstellung von Dunkelheit und Freudlosigkeit. Darüber hinaus erzeugt die Metapher eine beklemmende Atmosphäre. Der Nebel wird personifiziert und scheint die Stadt mit geradezu erdrückender Macht zu beherrschen, was durch die Alliteration „drückt die Dächer" (V. 3) auch klanglich hervorgehoben wird.
In den Versen vier und fünf ist noch einmal vom Meer die Rede. Sein Wellengang wird mit dem lautmalenden Verb „brausen" (vgl. V. 4) veranschaulicht und zugleich als „eintönig" (V. 5) beschrieben. Das eintönige, gleichmäßige Brausen des Meeres scheint das einzige Geräusch zu sein, das in der Stadt zu hören ist. Es wird damit zum Ausdruck gebracht, dass das Leben in der Stadt nicht nur trostlos und beklemmend, sondern auch noch langweilig ist. Die Langeweile, die in der Stadt herrscht, wird auch formal herausgestellt, denn das Wort „eintönig" betont man, anders als im Metrum vorgesehen, auf der ersten Silbe. Es erhält damit ein besonderes Gewicht.

In der zweiten Strophe wird das Motiv der Eintönigkeit noch einmal aufgegriffen. Es gibt keinen Wald, der die Ruhe der Stadt mit seinem Rauschen stören könnte (vgl. V. 6), im Übrigen wirkt die Stadt wie ausgestorben: Ausgerechnet im Mai, dem Monat, der in vielen anderen Gedichten als Zeit des Neubeginns, auch der Liebe gefeiert wird, singen die Vögel nicht, im Herbst ziehen sie an der Stadt vorbei (vgl. V. 7–9). Das Leben scheint stillzustehen, nur das Gras am Strand bewegt sich im Wind (vgl. V. 10).

Die ersten Strophen bilden eine Sinneinheit. Beide beschreiben sie die trostlose und langweilige Stimmung, die in der Küstenstadt herrscht. Das Motiv der Langeweile, der Monotonie, wird auch durch die äußere Form der Strophen herausgestellt: Das Metrum wechselt regelmäßig zwischen vier- und dreihebigen Jamben und deutet ebenso wie die Enjambements (V. 1, 2; 4, 5) den ununterbrochenen, eintönigen Wellengang des Meers an. Gleichförmig und monoton wirken auch die Wiederholungen und der parallele Satzbau, mit denen die beiden Strophen eingeleitet werden („Am grauen Strand, am grauen Meer", V. 1; „Es rauscht kein Wald", es schlägt im Mai / Kein Vogel", V. 6 und 7).

In der dritten Strophe äußert sich das lyrische Ich, das zuvor nur verdeckt gesprochen hat. Es beginnt die Strophe mit dem Wort „Doch" (V. 11) und kündigt damit schon an, dass es die Stadt nun aus einem anderen Blickwinkel betrachten wird.
Das lyrische Ich beschreibt seine Gefühle, die es für die Stadt empfindet, und bekennt sich zu ihr, auch wenn sie „grau" und langweilig ist. Dabei wendet es sich mit einer personifizierenden Anrede direkt an die Stadt und spricht mit ihr, als sei sie eine Geliebte: „Doch hängt mein ganzes Herz an dir, / Du graue Stadt am Meer" (V. 11 und 12). Die zahlreichen Wiederholungen verleihen der Liebeserklärung des lyrischen Ichs noch einen besonderen Nachdruck („an dir", V. 11; „auf dir, auf dir", V. 14, „Du graue Stadt am Meer", V. 12 und 15). Die Stadt bedeutet dem lyrischen Ich so viel, weil es dort offenbar aufgewachsen ist. Die Erinnerungen an seine Jugend verleihen dem Ort einen besonderen Reiz und „Zauber" („Der Jugend Zauber", V. 13) und rücken den Eindruck der Trostlosigkeit, der in den ersten beiden Strophen entstanden ist, in den Hintergrund. Auch das Adjektiv „grau" verliert nun an Bedrohlichkeit, da es durch eine Assonanz mit dem Wort „Zauber" verbunden ist.
In der zweiten Strophe kommt in vielen Wörtern der kurz gesprochenen Vokal *a* vor, der hart und abweisend klingt (z. B. „Unterlaß", „hartem", „Herbstesnacht"). In der dritten Strophe überwiegen dagegen lange und weicher klingende Vokale (z. B. „Du", „Jugend", „ruht", „für und für"), Sie untermalen die Zuneigung, die das lyrische Ich für die Stadt empfindet.

16 *Lösungsvorschlag:*
Das Gedicht „Die Stadt" von Theodor Storm handelt von einer trostlosen und langweiligen Stadt am Meer, die wie ausgestorben wirkt und in der das Leben stillzustehen scheint. Dennoch hängt das lyrische Ich an der Stadt und der Küstenlandschaft, die ihre trostlose Atmosphäre prägt. Es ist dort offenbar aufgewachsen, und seine Jugenderinnerungen verliehen dem Ort einen besonderen Reiz. Storms Gedicht stellt die Heimatverbundenheit des lyrischen Ichs dar und zeigt darüber hinaus, dass unser Blick auf die Welt durch persönliche Erfahrung geprägt sein kann.

17 *Lösungsvorschlag:*
Die Strophe besteht aus 14 Versen. Die ersten acht Verse sind durch einen Kreuzreim miteinander verbunden (ababcdcd). Die Verse des Refrains (V. 9–14) haben das Reimschema effgeg. Die Strophe ist durchgängig im Trochäus verfasst, wobei die Anzahl der Hebungen wechselt.

18 1. Abschnitt (Vers **1** bis **3**): Der Leser erfährt, dass ein Mann namens Damon einen grausamen und tyrannischen Herrscher überwältigen wollte, sein Anschlag aber aufgedeckt worden ist.
2. Teil: (Vers **4** bis **7**): Der Tyrann stellt Damon zur Rede, der gesteht die Tat und wird zum Tode am Kreuz verurteilt.

19 Episches Element (Vers **1** bis **3**): **Erzählerbericht**
Dramatisches Element (Vers **4** bis **7**): **Dialog** zwischen Damon und dem Tyrannen

20 Text A): Der Knabe im Moor (Auszug aus Annette von Droste-Hülshoffs Ballade, „Der Knabe im Moor", 1842.)
Text B) Der Totentanz (Auszug aus J. W. von Goethes Ballade „Der Totentanz", 1815.)

21 Text A): Der Knabe im Moor: Der Auszug gehört zu einer numinosen Ballade. Dabei handelt es sich um eine naturmagische Ballade. Begründung: Das Moor und die damit verbundenen Naturerscheinungen, die unheimlich und furchteinflößend wirken („schaurig", V. 1, 7), vermitteln den Eindruck, als sei die Natur eine dämonische Kraft, die eigenmächtig über den Menschen herrscht (vgl. z. B. die Personifikation in Vers 4).
Text B): Der Totentanz: Der Auszug gehört ebenfalls zu einer numinosen Ballade. Dabei handelt es sich in diesem Fall um eine totenmagische Ballade.
Begründung: Der Türmer beobachtet, wie die Toten zum Leben erwachen und aus ihren Gräbern steigen (vgl. V. 5 bis 8).

23 ☒ Der Name „Erlkönig" hängt mit dem Erlenbaum zusammen.
☒ Der Erlkönig ist ein Naturgeist, der die Menschen ins Totenreich locken will.
☒ Goethes Ballade handelt von der magischen Macht der Natur.

24 Erzähler, Vater, Sohn, Erlkönig

25
1. Strophe: Erzähler
2. Strophe: Vers 5 Vater, Vers 6–7 Sohn, Vers 8 Vater
3. Strophe: Erlkönig
4. Strophe: Vers 13–14 Sohn, Vers 15–16 Vater
5. Strophe: Erlkönig
6. Strophe: Vers 21–22 Sohn, Vers 23–24 Vater
7. Strophe: Vers 25–26 Erlkönig, Vers 27–28 Sohn
8. Strophe: Erzähler

26 *Lösungsvorschlag:*
Einleitung: 1. Strophe; Begründung: Der Erzähler führt in das Geschehen ein. Er berichtet, dass ein Vater mit seinem Sohn durch die Nacht reitet.
Hauptteil: 2.–7. Strophe; Begründung: Der Leser erfährt durch Dialoge (Vater, Sohn) und die wörtlichen Reden des Erlkönigs, dass der Sohn durch den Erlkönig bedroht und schließlich von ihm angegriffen und überwältigt wird.
Schluss: 8. Strophe; Begründung: Der Erzähler teilt mit, dass der Junge gestorben ist.

27 *Lösungsvorschlag:*
Erste Strophe: Der Erzähler berichtet von einem Vater, der, seinen Sohn im Arm haltend, durch die Nacht reitet.
Zweite Strophe: Der Vater fragt den Jungen, warum er sich so fürchtet. Das verängstigte Kind antwortet mit einer Gegenfrage und möchte wissen, ob der Vater nicht den Erlkönig sehe. Der Vater beruhigt den Jungen und erklärt, dass es sich bei der Erscheinung nur um eine Nebelwolke handele.
Dritte Strophe: Der Erlkönig spricht den Jungen an. Er will ihn überreden, mit ihm zu gehen, und lockt ihn mit Spielen, Blumen und wertvollen Gewändern.
Vierte Strophe: Den Jungen versetzen die Versprechungen des Erlkönigs weiter in Angst. Sein Vater, der die Worte des Erlkönigs nicht gehört hat, will sein Kind beruhigen und erklärt, dass es wohl nur das Säuseln der Blätter gehört habe.
Fünfte Strophe: Wieder spricht der Erlkönig zu dem Jungen. Er lockt ihn diesmal mit dem Versprechen, dass seine Töchter gut für ihn sorgen werden.
Sechste Strophe: Der Junge sieht die Töchter des Erlkönigs, vor denen er sich fürchtet. Sein Vater versucht ihn erneut zu beruhigen und erklärt, dass es nur die alten Weidenbäume seien, die er sehe.
Siebte Strophe: Der Erlkönig verliert die Geduld. Er überwältigt den Jungen, da er mit Worten offenbar nicht zu überreden ist. Verzweifelt ruft der Junge seinem Vater zu, dass der Erlkönig ihn verletzt habe.
Achte Strophe: Der Vater, nun selbst in Angst und Schrecken versetzt, reitet so schnell er kann weiter. Als er den Hof erreicht, ist das Kind tot.

28 *Lösungsvorschlag:*
Sohn: ängstlich, verschreckt, panisch, irrational, verzweifelt
Vater: besorgt, besonnen, nüchtern, vernünftig; später (in der achten Strophe) auch erschrocken

29 *Lösungsvorschlag:*
Es handelt sich um eine naturmagische Ballade, weil der Erlkönig eine magische, übernatürliche Macht besitzt und die Menschen (Vater, Sohn) mit ihm in Konflikt geraten. In dem Konflikt unterliegt der Mensch: Der Erlkönig überwältigt den Jungen.

30 *Lösungsvorschläge:*
Lyrische Elemente
- Gliederung in Strophen, Verse
- Reime
- Metrum

Epische Elemente
- Es wird eine Geschichte erzählt (Vater reitet mit krankem Sohn durch den Wald, Bedrohung durch Erlkönig).
- Erzähler, Erzählerbericht (vgl. erste und achte Strophe)

Dramatische Elemente
- tragischer Konflikt (zwischen Mensch und übernatürlicher Macht)
- Spannungsverlauf wie in einem Drama (Einleitung, Steigerung, Höhe- und Wendepunkt, retardierendes Moment, Katastrophe)
- Dialoge

31 *Lösungsvorschlag:*
Es handelt sich bei Goethes „Erlkönig" um eine Ballade, weil der Text eine Mischform ist und lyrische, epische und dramatische Elemente vereinigt. Die lyrischen Elemente sind offensichtlich: Der Text ist in Strophen und Verse gegliedert, es liegen ein Paarreim und ein, wenn auch unregelmäßiges, Metrum vor. Darüber hinaus wird im „Erlkönig", ähnlich wie in einem epischen Werk, eine Geschichte wiedergegeben, die ein Erzähler vermittelt (vgl. erste und achte Strophe). Die Geschichte handelt von einem Jungen, dem furchterregende und bedrohliche Gestalten begegnen und der schließlich stirbt, ohne dass sein Vater ihm helfen kann.
Neben diesen lyrischen und epischen Elementen enthält der „Erlkönig" auch typische Merkmale des Dramas. Es wird ein Konflikt dargestellt, in dem der Erlkönig als Gegenspieler der Menschen, des Vaters und seines Sohnes, auftritt. Der Konflikt endet tragisch und mit dem Tod des Sohnes. Dabei beschreibt die Handlung einen Spannungsbogen, der an den Aufbau eines klassischen Dramas erinnert: Nach einer Einführung in das Geschehen, in der geschildert wird, dass der Vater mit seinem Sohn im Arm durch die Nacht reitet, wird der Konflikt vorgestellt: Der Sohn sieht den Erlkönig und fürchtet sich vor ihm. Im Verlauf der Handlung wächst seine Angst vor dem Erlkönig, der ihn mehrmals anspricht und überreden will, mit ihm zu gehen (steigende Handlung). Auf dem Höhepunkt des Konflikts nimmt das Geschehen eine Wendung (Peripetie): Der Erlkönig versucht nicht länger, den Jungen zu überreden, sondern überwältigt ihn. Der Vater reitet erschrocken weiter (Retardation). Als er den Hof erreicht, ist der Junge tot (Katastrophe). Zu den typischen Merkmalen dramatischer Dichtung, die im „Erlkönig" eine wichtige Rolle spielen, gehören auch die Dialoge zwischen dem Vater und dem Sohn und die wörtlichen Reden des Erlkönigs.

33 Anzahl der Strophen: 8
Anzahl der Verse je Strophe: 4
Reimfolge und Reimschema: Paarreim aabb ccdd…

34 Jambus, Anapäst

35 *Lösungsvorschläge:*
1. Strophe:
- Anapher: Er / Er, V. 3, 4
- Parallelismus und Wiederholung: Er faßt ihn sicher, er hält ihn warm, V. 4
- Symbol: Arm, V. 3

2. Strophe:
- Wiederholung: Mein Sohn, V. 5, 8

3. Strophe:
- Alliterationen: Spiele spiel, V. 10; bunte Blumen, V. 11; Meine Mutter hat manch gülden Gewand, V. 12

4. Strophe
- Wiederholung: Mein Vater, V. 13
- Wiederholung und Parallelismus: Sei ruhig, bleibe ruhig, V. 15)
- Lautmalerei: säuseln, V. 16

5. Strophe:
- Anapher: Meine Töchter / Meine Töchter, V. 18, 19
- Parallelismus und Wiederholung: Meine Töchter sollen / Meine Töchter führen, V. 18, 19
- Reihung (mit „und" verbunden): Und wiegen und tanzen und singen dich ein, V. 20

6. Strophe:
- Wiederholungen: Mein Vater, V. 21; Mein Sohn, V. 23

7. Strophe:
- Wiederholung: Mein Vater, V. 27

8. Strophe:
- Parallelismus und Wiederholung: er reitet / Er hält
- Symbol und Wiederholung: in [...] Armen, V. 30, 32

37 *Lösungsvorschlag:*
Johann Wolfgang von Goethes Ballade „Erlkönig", die 1782 veröffentlicht worden ist, handelt von einem Jungen, der sich bei einem Ritt durch die Nacht vom Erlkönig, einer magischen Gestalt, bedroht fühlt. Auch sein Vater, der die Erscheinung vernünftig zu erklären versucht, kann ihn nicht beruhigen.

38 Die Ballade besteht aus **acht** Strophen. Jede Strophe umfasst **vier** Verse, die mit **Paarreimen** schließen (aabb, ccdd ...). Das Metrum ist unregelmäßig. Viele Verse sind im **Jambus** und **Anapäst** geschrieben.

39 *Lösungsvorschlag:*
(Anmerkung: Goethes Text lässt viele Fragen offen. Zum Beispiel ist unklar, warum Vater und Sohn durch die Nacht reiten oder warum der Sohn vor dem Erlkönig überhaupt Angst hat. Du kannst in deiner Interpretation auf solche offenen Fragen, wenn nötig, hinweisen. Du kannst auch versuchen, diese Lücken durch eigene Annahmen zu schließen. Erwähne dann aber ausdrücklich, dass es sich bei deinen Erklärungen um Vermutungen handelt.)
In der ersten Strophe berichtet der Erzähler, dass ein Vater zusammen mit seinem Sohn durch die Nacht reitet. Der Erzähler teilt den Grund für diesen nächtlichen Ausritt nicht mit, er hebt aber hervor, dass der Vater sein Kind „sicher" und „warm" (V. 4) im Arm hält. Der Arm des Vaters kann als Sinnbild gedeutet werden, er symbolisiert die Fürsorge des Vaters, mit der er seinen Sohn beschützt. Die Aussage wird durch eine Anapher („Er [...] Er", V. 3, 4) und den parallelen Satzbau in Vers 4 („Er faßt ihn sicher, er hält ihn warm") besonders betont.

In der zweiten Strophe wird ein Dialog zwischen dem Vater und seinem Sohn wiedergegeben. Der Vater merkt, dass sein Sohn Angst hat und fragt, warum er sich so fürchtet. Der verängstigte Junge stellt eine Gegenfrage und möchte wissen, ob der Vater nicht den Erlkönig sehe. Er beschreibt ihn als eine mächtige Gestalt, die mit „Kron' und Schweif" (V. 7) ausgestattet ist. Der Vater scheint das magische Naturwesen, das sein Sohn sieht, jedoch nicht wahrzunehmen und glaubt offenbar, das Kind fantasiere. Er will dem Jungen die Angst nehmen und erklärt nüchtern und vernünftig, dass er wohl nur eine Nebelwolke gesehen habe. Wieder wird deutlich, dass der Vater seinen Sohn beschützen möchte. Auch die wiederholte und beruhigend wirkende Anrede („Mein Sohn [...] Mein Sohn", V. 5, 8) zeigt dies.

In der dritten Strophe tritt der Erlkönig auf. Er spricht den Jungen an und fordert ihn auf, ihm zu folgen. Der Erlkönig wirbt um den Jungen und verspricht ihm ein angenehmes und schönes Leben. Seine verführerischen Angebote werden durch mehrere Alliterationen klanglich untermalt („Spiele spiel", V. 10; „bunte Blumen", V. 11; „Meine Mutter hat manch gülden Gewand", V. 12).

Der Junge hat die Versprechungen des Erlkönigs gehört, und sie bereiten ihm große Angst. Das zeigt der zweimalige Ausruf zu Beginn der vierten Strophe, mit dem er sich beschwörend an seinen Vater wendet („Mein Vater, mein Vater", V. 13). Erneut findet der Vater eine vernünftige Erklärung, mit der er den Sohn zu beruhigen versucht. Die Stimme, die er gehört habe, sei nur das Säuseln der Blätter im Wind gewesen (vgl. V. 16), antwortet er dem Sohn. Die Wiederholung des Wortes „ruhig" („Sei ruhig, bleibe ruhig", V. 15) und der parallele Satzbau bekräftigen seine Aussage. Sie zeigen darüber hinaus, dass der Vater wahrnimmt, wie sehr sich das Kind inzwischen fürchtet.

In der fünften Strophe spricht wieder der Erlkönig. Noch einmal will er den Jungen überreden, mit ihm zu gehen. Diesmal lockt er ihn mit dem Versprechen, dass seine Töchter gut für ihn sorgen werden. Sein Werben um den Jungen wird durch eine Anapher untermalt („Meine Töchter, Meine Töchter, V. 18, 19). Auch der tänzerische Daktylus in Vers 20 wirkt in Verbindung mit der Reihung auffordernd und unterstreicht die verführerische Rede des Erlkönigs: „Und wiegen und tanzen und singen dich ein" (V. 20).

Der Junge reagiert auf dieses Angebot des Erlkönigs in der sechsten Strophe wieder nur mit Angst. Darauf weist erneut der zweimalige Ausruf hin, mit dem er sich an seinen Vater wendet: „Mein Vater, mein Vater" (V. 21). Im Übrigen fürchtet sich der Junge vor den Töchtern des Erlkönigs. Er sieht sie „am düstern Ort" (V. 22) und fühlt sich von ihnen also bedroht. Auch in dieser Strophe versucht der Vater, sein Kind mit einer vernünftigen Erklärung zu beruhigen: Er habe nicht die Töchter des Erlkönigs gesehen, antwortet er dem Jungen, sondern nur die alten Weidenbäume (vgl. V. 24).

In der siebten Strophe tritt der Erkönig zum letzten Mal auf. Er verliert jetzt die Geduld. Offenbar ist der Junge mit verführerischen Reden nicht zu gewinnen. Weil der Erlkönig ihn aber wegen seiner Schönheit begehrt (vgl. „schöne Gestalt", V. 25), überwältigt er ihn schließlich. Verzweifelt wendet sich der Junge noch einmal an seinen Vater, wobei seine Angst und Verzweiflung wieder durch den zweimaligen Ausruf „Mein Vater, Mein Vater" (V. 27) besonders veranschaulicht werden. Der Junge sagt seinem Vater, dass der Erlkönig ihn nun angreife, und fügt dann noch hinzu, dass er ihn verletzt habe.

Die siebte Strophe bildet den Höhepunkt der Ballade und ist anders gestaltet als die vorangehenden Strophen. Während zuvor die wörtlichen Reden des Erlkönigs und ebenso die Dialoge zwischen Vater und Sohn jeweils eine Strophe eingenommen haben, werden die Reden des Erlkönigs und des Jungen hier direkt miteinander konfrontiert. Ein weiterer, nüchterner Erklärungsversuch des Vaters bleibt aus, der Vater kommt nicht mehr zu Wort.

In der achten Strophe spricht wieder der Erzähler. Er berichtet, dass der Vater nun selbst in Angst gerät und, so schnell er kann, weiterreitet. Dass er in höchster Eile und gleichsam atemlos ist, veranschaulichen auch die parallel aufgebauten und aneinandergereihten Sätze zu Beginn der Strophe („er reitet geschwind, / Er hält in den Armen das ächzende Kind", V. 29, 30). Der Vater kann den Jungen allerdings nicht mehr retten. Als er den Hof erreicht, ist er bereits gestorben.
Es bleibt unklar, ob der Sohn aus Furcht oder an den Folgen der Verletzungen gestorben ist, die der Erlkönig ihm zugefügt haben mag.
Deutlich wird aber, dass der Vater seinem Sohn trotz aller Bemühungen nicht hat helfen können. Das zeigt ein Vergleich zwischen der ersten und der letzten Strophe der Ballade. In der ersten Strophe symbolisiert der Arm noch die Fürsorge des Vaters: „Er hat den Knaben wohl in dem Arm, / Er faßt ihn sicher, er hält ihn warm" (V. 3 und 4). In der letzten Strophe stirbt das Kind dann ausgerechnet in den Armen des Vaters, die ihn doch eigentlich hätten schützen sollen. Die Aussage wird durch eine Wiederholung besonders hervorgehoben: „Er hält in den Armen das ächzende Kind" (V. 30), „In seinen Armen das Kind war tot." (V. 32). Auch mit seinen beruhigenden und vernünftigen Erklärungsversuchen scheitert der Vater. Sein Sohn fühlt sich vom Erlkönig trotzdem bedroht und wird von ihm am Ende überwältigt.

40 *Lösungsvorschlag:*
In Goethes Ballade „Erlkönig" wird der nächtliche Ritt eines Vaters und seines Sohnes geschildert. In der unheimlichen Atmosphäre der Nacht fürchtet sich der Sohn vor dem Erlkönig, einer übernatürlichen Erscheinung, die der Vater offenbar nicht wahrnimmt. Er glaubt wohl, dass sein Sohn fantasiert, und versucht ihn mit vernünftigen Erklärungen zu beruhigen. Der Sohn erlebt die magische Erscheinung allerdings als reale Bedrohung. Mit immer eindringlicheren Reden will ihn der Erlkönig in sein Reich locken, und schließlich, als er den Jungen nicht überreden kann, überwältigt er ihn. Der Junge stirbt in den Armen seines Vaters, der ihn nicht hat beschützen können. So unterliegt im Konflikt mit dem Erlkönig am Ende nicht nur der Sohn, sondern auch der Vater. Er begegnet den magischen Naturkräften, die der Erlkönig verkörpert und von denen sich sein Sohn bedroht fühlt, besonnen und vernünftig und kann doch nichts gegen sie ausrichten.

Quellennachweise

S. 5: Brender, Irmela: Wir. In: Gedichte für Anfänger, hrsg. von Joachim Fuhrmann, Rowohlt Verlag, Hamburg 1980, S. 20. **S. 6:** Schottelius, Justus Georg: Donnerlied. Zitiert nach: https://gedichte.xbib.de/Schottelius_gedicht_Donnerlied.htm. **S. 7, 37:** Uhland, Ludwig: Frühlingsglaube. In: Der Große Conrady. Das Buch deutscher Gedichte, hrsg. von Otto Conrady, Artemis & Winkler, Düsseldorf 2008, S. 383. **S. 8:** Goethe, Johann Wolfgang von: Das Hexeneinmaleins. In: Ders., Werke, hrsg. von Erich Trunz, Deutscher Taschenbuch Verlag, München 1998, Bd. 3 (Faust I, Vers 2540 ff.), S. 82. **S. 9:** Grün, Anastasius: Zwei Heimgekehrte. Zitiert nach: https://gutenberg.spiegel.de/buch/auswahl-deutscher-gedichte-fur-hohere-schulen-4504/173. **S. 10:** Goethe, Johann Wolfgang von: Ländlich. In: Ders., Werke, hrsg. Erich Trunz, Deutscher Taschenbuch Verlag, München 1998, Bd. 1, S. 386. Anonym: Nun will der Lenz uns grüßen. In: Das große Liederbuch. 204 deutsche Volks- und Kinderlieder, gesammelt von Anne Diekmann und Willi Gohl, mit Bildern von Tomi Ungerer, Diogenes Verlag, Zürich 2011, S. 54. **S. 10, 34:** Lenau, Nikolaus: Lenz. In: Die schönsten Frühlingsgedichte, hrsg. von Michael Adrian, Fischer Taschenbuch, Frankfurt am Main 2017, S. 39. Heine, Heinrich: Gekommen ist der Maie. In: Ders.: Sämtliche Gedichte, hrsg. von Klaus Briegleb, Insel Verlag, Frankfurt a. M. und Leipzig 1998, S. 129. **S. 11, 33:** Overbeck, Christian A.: Komm, lieber Mai. In: Das große Liederbuch. 204 deutsche Volks- und Kinderlieder, gesammelt von Anne Diekmann und Willi Gohl, mit Bildern von Tomi Ungerer, Diogenes Verlag, Zürich 2011, S. 58. **S. 12:** Heine, Heinrich: Sie saßen und tranken am Teetisch. In: Ders.: Sämtliche Gedichte, hrsg. von Klaus Briegleb, Insel Verlag, Frankfurt a. M. und Leipzig 1998, S. 161. **S. 13:** Ringelnatz, Joachim: Bumerang. In: Der Große Conrady. Das Buch deutscher Gedichte, hrsg. von Otto Conrady, Artemis & Winkler, Düsseldorf 2008, S. 630. **S. 14:** Heine, Heinrich: Das Fräulein stand am Meere. In: Ders.: Sämtliche Gedichte, hrsg. von Klaus Briegleb, Insel Verlag, Frankfurt a. M. und Leipzig 1998, S. 352. **S. 14:** Brentano, Clemens: Der Spinnerin Nachtlied. In: Der Große Conrady. Das Buch deutscher Gedichte, hrsg. von Otto Conrady, Artemis & Winkler, Düsseldorf 2008, S. 369. **S. 15:** Claudius; Matthias: Abendlied. In: Der Große Conrady. Das Buch deutscher Gedichte, hrsg. von Otto Conrady, Artemis & Winkler, Düsseldorf 2008, S. 248. **S. 16:** Eichendorff, Joseph von: Frische Fahrt, Abschied, Das zerbrochene Ringlein. In: Der Große Conrady. Das Buch deutscher Gedichte, hrsg. von Otto Conrady, Artemis & Winkler, Düsseldorf 2008, **S. 393, 392. S. 16:** Brentano, Clemens: Singet leise, leise, leise. In: Stimmen im Kanon. Deutsche Gedichte. Auswahl und Nachwort von Ulla Hahn, Reclam Verlag, Stuttgart 2003, S. 153. **S. 16:** Busch, Wilhelm: Es sitzt ein Vogel auf dem Leim. In: Der Große Conrady. Das Buch deutscher Gedichte, hrsg. von Otto Conrady, Artemis & Winkler, Düsseldorf 2008, S. 512. **S. 17:** Salis-Seewis, Johann Gaudenz von: Ermunterung. Zitiert nach: https://gutenberg.spiegel.de/buch/gedichte-ausgabe-letzter-hand-3241/19. **S. 17:** Hölderlin, Friedrich: Die Kürze. In: Ders.: Sämtliche Gedichte und Hyperion, hrsg. von Jochen Schmidt, Insel Verlag, Frankfurt a. M. und Leipzig 1999, S. 199. **S. 17:** Fontane, Theodor: Herr von Ribbeck auf Ribbeck im Havelland. In: Der Große Conrady. Das Buch deutscher Gedichte, hrsg. von Otto Conrady, Artemis & Winkler, Düsseldorf 2008, S. 510. **S. 17:** Tieck, Ludwig: Wunder der Liebe. In: Stimmen im Kanon. Deutsche Gedichte. Auswahl und Nachwort von Ulla Hahn, Reclam Verlag, Stuttgart 2003, S. 149. **S. 17:** Goethe, Johann Wolfgang von: Mignon. In: Der Große Conrady. Das Buch deutscher Gedichte, hrsg. von Otto Conrady, Artemis & Winkler, Düsseldorf 2008, S. 288. **S. 18:** Lenau, Nikolaus: Der Postillon: In: Der Große Conrady. Das Buch deutscher Gedichte, hrsg. von Otto Conrady, Artemis & Winkler, Düsseldorf 2008, S. 415. **S. 18, 43:** Goethe, Johann Wolfgang von: Der Zauberlehrling. In: Ders., Werke, hrsg. von Erich Trunz, Deutscher Taschenbuch Verlag, München 1998, Bd. 1, S. 276 f. **S. 19, 37:** Mörike, Eduard: Verborgenheit. In: Stimmen im Kanon. Deutsche Gedichte. Auswahl und Nachwort von Ulla Hahn, Reclam Verlag, Stuttgart 2003, S. 199 f. **S. 20, 32:** Eichendorff, Joseph von: Das zerbrochene Ringlein. In: Der Große Conrady. Das Buch deutscher Gedichte, hrsg. von Otto Conrady, Artemis & Winkler, Düsseldorf 2008, S. 392. **S. 22, 29:** Goethe, Johann Wolfgang von: Gefunden. In: Der Große Conrady. Das Buch deutscher Gedichte, hrsg. von Otto Conrady, Artemis & Winkler, Düsseldorf 2008, S. 296. **S. 23:** Fontane, Theodor: Guter Rat. In: Ders., Gedichte, Neuausgabe hrsg. von Karl-Maria Guth, Zenodot Verlagsgesellschaft, Berlin 2016, S. 9. **S. 24:** Mörike, Eduard: Das verlassenen Mägdlein. In: Der Große Conrady. Das Buch deutscher Gedichte, hrsg. von Otto Conrady, Artemis & Winkler, Düsseldorf 2008, S. 425. **S. 25:** Roth, Eugen, Durch die Blume. In: Das Eugen Roth Buch, Deutscher Taschenbuchverlag, München 2015, S. 27. **S. 26:** Morgenstern, Christian: Möwenlied. In: Der Große Conrady. Das Buch deutscher Gedichte, hrsg. von Otto Conrady, Artemis & Winkler, Düsseldorf 2008, S. 546. **S. 30:** Kästner, Erich: Die Wälder schweigen. In: Ders., Doktor Erich Kästners Lyrische Hausapotheke, Atrium Verlag, Zürich 2018, S. 46. **S. 32:** Heine, Heinrich: Mondscheintrunkne Lindenblüten. In: Ders.: Sämtliche Gedichte, hrsg. von Klaus Briegleb, Insel Verlag, Frankfurt a. M. und Leipzig 1998, S. 332. **S. 34:** Uhland, Ludwig: Einkehr. In: Der Große Conrady. Das Buch deutscher Gedichte, hrsg. von Otto Conrady, Artemis & Winkler, Düsseldorf 2008, S. 384. **S. 34:** Bürger, Gottfried August: Lenore. In: Der Große Conrady. Das Buch deutscher Gedichte, hrsg. von Otto Conrady, Artemis & Winkler, Düsseldorf 2008, S. 268. **S. 35:** Rilke, Rainer Maria: Der Panther. In: Der Große Conrady. Das Buch deutscher Gedichte, hrsg. von Otto Conrady, Artemis & Winkler, Düsseldorf 2008, S. 565. **S. 36:** Hoffmann von Fallersleben, August Heinrich: Frühlings Ankunft. In: Die schönsten Frühlingsgedichte, hrsg. von Michael Adrian, Fischer Taschenbuch, Frankfurt am Main 2017, S. 37. **S. 36:** Schiller, Friedrich: Der Taucher. In: Stimmen im Kanon. Deutsche Gedichte. Auswahl und Nachwort von Ulla Hahn, Reclam Verlag, Stuttgart 2003, S. 106 ff. **S. 36:** Gryphius, Andreas: Es ist alles eitel. In: Der Große Conrady. Das Buch deutscher Gedichte, hrsg. von Otto Conrady, Artemis & Winkler, Düsseldorf 2008, S. 172. **S. 37:** Fontane, Theodor, Silvesternacht. Zitiert nach: http://www.handmann.phantasus.de/g_silvesternacht.html. **S. 38:** Storm, Theodor: Die Stadt. In: Der Große Conrady. Das Buch deutscher Gedichte, hrsg. von Otto Conrady, Artemis & Winkler, Düsseldorf 2008, S. 489. **S. 44:** Schiller, Friedrich: Die Bürgschaft. In: Der Große Conrady. Das Buch deutscher Gedichte, hrsg. von Otto Conrady, Artemis & Winkler, Düsseldorf 2008, S. 324. **S. 45:** Goethe, Johann Wolfgang von: Der Totentanz. In: Ders., Werke, hrsg. von Erich Trunz, Deutscher Taschenbuch Verlag, München 1998, Bd. 1, S. 288 f. **S. 45:** Droste-Hülshoff, Annette von: Der Knabe im Moor. In: Der Große Conrady. Das Buch deutscher Gedichte, hrsg. von Otto Conrady, Artemis & Winkler, Düsseldorf 2008, S. 434. **S. 46:** Goethe, Johann Wolfgang von: Erlkönig. In: Ders., Werke, hrsg. von Erich Trunz, Deutscher Taschenbuch Verlag, München 1998, Bd. 1, S. 154 f.